Traveblu

Jobst Schlennstedt, 1976 in Herford geboren und dort aufgewachsen, studierte Geographie an der Universität Bayreuth. Seit Anfang 2004 lebt er in Lübeck. 2006 erschien sein erster Kriminalroman. Hauptberuflich ist er als Projektmanager in einem Hamburger Beratungsunternehmen tätig. Im Emons Verlag erschienen seine Küsten Krimis »Tödliche Stimmen«, »Der Teufel von St. Marien«, »Möwenjagd«, »Traveblut« und »Küstenblues« sowie die Ostwestfalen Krimis »Westfalenbräu« und »Dorfschweigen«.
www.jobst-schlennstedt.de

Dieses Buch ist ein Roman. Handlungen und Personen sind frei erfunden. Ähnlichkeiten mit lebenden oder toten Personen sind rein zufällig.
»Traveblut« ist eine grundlegende, umfassende und in der Chronologie der Birger-Andresen-Reihe angepasste Überarbeitung von »Linien«, erschienen 2006 bei BoD. »Traveblut« folgt somit inhaltlich dem zuletzt erschienenen Küsten Krimi »Möwenjagd«.

JOBST SCHLENNSTEDT

Traveblut

KÜSTEN KRIMI

emons:

Bibliografische Information der Deutschen Nationalbibliothek
Die Deutsche Nationalbibliothek verzeichnet diese Publikation
in der Deutschen Nationalbibliografie; detaillierte bibliografische
Daten sind im Internet über http://dnb.d-nb.de abrufbar.

© Hermann-Josef Emons Verlag
Alle Rechte vorbehalten
Umschlagmotiv: fotolia.com/Sascha Ohde
Umschlaggestaltung: Tobias Doetsch
Druck und Bindung: CPI – Clausen & Bosse, Leck
Printed in Germany 2013
Erstausgabe 2012
ISBN 978-3-89705-918-4
Küsten Krimi
Originalausgabe

Unser Newsletter informiert Sie
regelmäßig über Neues von emons:
Kostenlos bestellen unter
www.emons-verlag.de

»Eine schmerzliche Wahrheit ist besser als eine Lüge.«
Thomas Mann

FÜR NIEMANDEN

Ich werde es tun.

Mein Leid wird nach all den Jahren des Schmerzes endlich ein Ende finden. Zumindest für einen Augenblick.

Aufhören werde ich erst, wenn ich ihnen das angetan habe, was sie verdienen. Auch wenn der Tod keine gerechte Strafe sein wird. Denn es gibt keine gerechte Strafe.

Eine nach der anderen werde ich in den Tod schicken. Und ich werde ihnen dabei in die Augen schauen. Denn ich will ihre Panik sehen. Wenigstens etwas Genugtuung fühlen.

Schon bald wird es so weit sein. Dann werde ich es tun. Und ganz am Ende, wenn alles vollbracht ist, werde auch ich ruhen. Lieber tot als lebendig. Denn meine Wunden werden niemals wieder heilen. Dafür ist es längst zu spät.

Falls das hier jemals jemand lesen sollte, dann sei ihm gesagt, dass auch er sich schuldig fühlen soll. Stellvertretend schuldig für die Ignoranz aller. Denn niemand wollte sehen, was geschehen ist.

Niemand.

1

Er lauschte in die Dunkelheit. Er war sich sicher, bereits ihren leisen Atem hören zu können. Das leichte Keuchen in der kalten Aprilluft beruhigte ihn, weil er wusste, dass er sich nicht geirrt hatte. Alles lief nach Plan. Gleichzeitig spürte er Adrenalin in seinen Blutbahnen. Der Gedanke, sie umzubringen, elektrisierte ihn.

Ihre Schritte waren jetzt ganz nahe. So nahe, dass er sich hinunterbeugte und hinter dem Stamm der Linde wie ein Raubtier in Stellung ging. In wenigen Sekunden würde sie direkt an ihm vorbeikommen.

Ihr Atem war jetzt so laut, dass er glaubte, sie stünde hinter ihm. Plötzlich überkam ihn dieses Schamgefühl, das er immer zu unterdrücken versucht hatte. Gefolgt von dem unbändigen Hass, der sein ständiger Begleiter geworden war.

Da war sie. In der Dunkelheit erkannte er nur einen Schemen, obwohl sie bloß wenige Meter entfernt an ihm vorbeilief. Für einen Moment schloss er die Augen. All die schrecklichen Bilder tauchten wieder auf. Seit all den Jahren waren sie da. Nichts hatte jemals geholfen, was er auch versucht hatte. Der Schmerz war immer wieder zurückgekehrt.

Er öffnete die Augen und blickte in die Dunkelheit. Sie hatte sich bereits so weit von ihm entfernt, dass er ihre Umrisse nicht mehr erkennen konnte. Er tastete nach dem Tuch in seiner Jackentasche, sprang hinter dem Baum hervor und rannte hinter ihr her. Mit einem Satz stürzte er sich auf sie, packte sie von hinten am Hals und drückte das mit Chloroform getränkte Tuch auf ihren Mund. Dann schleppte er sie abseits des Weges, dorthin, wo die Bäume ihm Schutz gaben. Sie wehrte sich und trat hart nach ihm. Doch körperliche Schmerzen spürte er in diesem Zustand nicht mehr.

»Halt still!«, zischte er. »Je mehr du dich wehrst, desto mehr werde ich dir wehtun.«

Sie versuchte zu schreien, doch der einzige Laut, der durch das Tuch drang, war ein angsterfülltes Gurgeln.

Mühevoll drängte er sie zu Boden. Noch immer zappelte sie, doch ihre Bewegungen erlahmten allmählich.

Er lockerte den Griff, legte das Tuch beiseite und setzte sich auf ihren Brustkorb, ihre Arme mit seinen Beinen fixierend. Ihr Blick irrte orientierungslos umher. Trotz der Dunkelheit wollte er ihr in die Augen sehen. Wollte spüren, wie sie begriff, was es heißt, Angst zu haben.

Plötzlich schien es, als wollte sie schreien, um Hilfe rufen. Aber er war schneller und versetzte ihr zwei heftige Schläge ins Gesicht, dass Blut aus Mund und Nase trat. Benommen blieb sie auf dem feuchten Gras liegen.

Er packte sie an den Armen und zog sie zurück über den Schotterweg in Richtung der kleinen Böschung, die zur Kanaltrave hinabführte. Dort hielt er noch einmal kurz inne und sah sich um. Obwohl es gerade einmal halb neun war, schien niemand mehr am Kanal unterwegs zu sein. Keine Jogger, keine Spaziergänger oder Nachtschwärmer. So, wie er es gehofft hatte.

Vorsichtig rollte er ihren Körper den Abhang hinunter, immer auf der Hut, nicht selbst auf dem feuchten Gras abzurutschen und ins Wasser zu fallen.

Als er endlich unten angekommen war, zog er erneut das chloroformgetränkte Tuch aus der Tasche und drückte es ihr vors Gesicht. Unter Wasser würde sie andernfalls zu schnell wieder das Bewusstsein zurückerlangen.

Er presste seine Hände so fest auf ihren Mund und Hals, dass er einen Moment lang befürchtete, sie bereits umgebracht zu haben. Das wollte er auf keinen Fall. Sie sollte ertrinken. Hilflosigkeit spüren, wenn sie die Augen aufschlug und ihre ausweglose Situation realisierte. Die Panik durchleben, die auch er all die Jahre verspürt hatte.

Ihre Hände an seinen Oberarmen bemerkte er sofort. Im nächsten Augenblick schnellte ihr Kopf hoch. Sie riss die Augen auf und fuhr ihm mit den Fingernägeln wie eine Raubkatze durchs Gesicht. Obwohl er perplex über ihr Aufbäumen war, reagierte er schnell und hämmerte ihren Kopf zurück auf den Steinboden der Uferbefestigung. Das Chloroform hatte sie nicht ausknocken können, dann musste es eben auf die harte Weise passieren. Er legte seine Hände um ihren Hals und drückte so lange zu, bis sie nur noch röchelte und von ihren Augen bloß noch das Weiße zu sehen war. Als er trotz der Dunkelheit erkennen konnte, dass sie bereits blau anzulaufen begann, ließ er von ihr ab. Langsam schob er sie auf die Seite und stieß sie mit den Füßen voran ins Wasser. Dann legte er sich bäuchlings auf den Boden, den Kopf nur knapp über die Wasseroberfläche gebeugt.

Im ersten Augenblick glaubte er, dass sie sofort untergehen würde, doch als er ihren Kopf unter Wasser drückte, erwachte sie zu neuem Leben und tauchte wieder auf.

Immer und immer wieder presste er sie unter Wasser. Gelegentlich war ein Gurgeln von ihr zu hören, Wasser spritzte auf. Sie zappelte wie ein Fisch auf dem Trockenen. Im Todeskampf schien sie fast übermenschliche Kräfte zu entwickeln.

Es dauerte mehrere Minuten, bis er sich sicher war, dass sie tot war. Er hielt sie nur noch an den Händen fest, der Rest ihres Körpers hing leblos im Wasser. Eine Weile wartete er noch, dann schloss er die Augen, lockerte seine Muskulatur und ließ sie langsam in den kalten Kanal gleiten.

Erst eine Viertelstunde später richtete er sich wieder auf. Er hatte erfolglos versucht, ihren Körper in der Dunkelheit zu verfolgen. Aus der Hosentasche zog er eine Packung Zigaretten, zündete sich mit ruhiger Hand eine an und blies den Rauch kreisförmig in den Abendhimmel.

Er blickte noch einmal ins Wasser und betrachtete nachdenklich sein Spiegelbild. Die sich im Mondschein kräuselnden Wellen verhinderten jedoch, dass er Einzelheiten erkennen konnte. Seine Augen tanzten hin und her, Mund und Nase schienen seltsam verformt. Die verschwitzten Haare und die blutigen Kratzer auf den Wangen konnte er nur erahnen.

Einen Moment lang hatte er das Gefühl, ihren Kopf unter der Wasseroberfläche zu sehen. Doch dann sagte er sich, dass sie schon längst von der Strömung davongetrieben worden war. Er kniff die Augen zusammen und ließ den Blick über die dahinfließende Kanaltrave schweifen. Er hatte es erneut getan. Obwohl sie sich zur Wehr gesetzt hatte, war es einfacher als erhofft gewesen. Sogar noch leichter als beim ersten Mal. Wahrscheinlich weil er besser vorbereitet gewesen war. Und weil er sie direkt hier am Wasser abgepasst hatte.

Wie unterschiedlich menschliche Körper doch waren, dachte er. Beim ersten Mal hatte die Leiche einfach nicht davontreiben wollen. Immer wieder hatte er versucht, den leblosen Körper von der Uferkante wegzuschieben. Diesmal war sie innerhalb weniger Sekunden aus seinem Blickfeld verschwunden.

Er zog noch ein letztes Mal an seiner Zigarette, ehe er die Kippe ins Wasser schnipste. Nachdem er den Rauch ausgeblasen hatte, drehte er sich um und verschwand im Schatten der großen Bäume. Im befriedigenden Bewusstsein, dass er schon bald an diesen Ort zurückkehren würde.

2

Hanka Weicherts Lunge brannte, und das verdammte Seitenstechen fühlte sich an, als ramme ihr jemand ein langes Küchenmesser in die Bauchdecke.

Sie war untrainiert und hasste es zu joggen. Aber es war nun mal das effektivste Mittel gegen den Kummerspeck, den sie sich nach der Trennung von ihrem letzten Freund angefressen hatte.

Sie lief nicht viel, zweimal in der Woche, das war das Maximum. Oft blieb es jedoch bei den guten Vorsätzen. Trotzdem hatte sie eine feste Strecke entlang der Kanaltrave. Knapp vier Kilometer, genug, um anschließend fix und fertig zu sein.

Es war Viertel vor sieben; noch war kaum etwas los auf den Straßen Lübecks. Der morgendliche Berufsverkehr würde aber schon bald einsetzen. Sie wohnte am Wakenitzufer und hatte es nicht weit bis zum Kanal. Sie kreuzte die Falkenstraße, um wie immer nach links in Richtung Hüxtertorbrücke abzubiegen. Kurzerhand entschied sie sich jedoch um und lief in die andere Richtung. Sie überquerte den Kanal, indem sie den Weg über die Glitzerbrücke wählte. An deren Ende bog sie wieder rechts ab und joggte parallel zur Kanalstraße am Wasser entlang.

Es gab einen speziellen Grund dafür, dass sie sich heute für diesen Weg entschied. Brigittes Tod vor einigen Tagen hatte sie ziemlich aus der Bahn geworfen. Ihre Leiche war irgendwo hier am Kanal im Wasser gefunden worden. Die Polizei ging offenbar von einem tragischen Unfall aus. Zumindest war nicht von einem Verbrechen die Rede gewesen.

Sie lief weiter am Kanal entlang. Ihre Gedanken kreisten um Brigitte und ihre Familie. Sie hatten damals nicht viel miteinander zu tun gehabt, dafür war der Altersunterschied zu groß gewesen. Und wenn sie ehrlich war, hatte sie sie nie sonderlich gemocht. Brigitte war unnahbar gewesen und hatte eine antiquierte Art gehabt, mit Kindern umzugehen. Trotzdem ließ ihr Tod sie nicht unberührt.

Das Stechen in der Seite wurde immer stärker. Es fühlte sich jetzt an, als reiße ihr jemand die inneren Organe heraus. Der zunehmende Regen peitschte in ihre Augen.

Ob es tatsächlich ein Unfall gewesen war? In der Zeitung hatte gestanden, dass vorerst in alle Richtungen ermittelt werde. Aber wer ermordete schon eine joggende Rentnerin? Den unheimlichen Gedanken, der sich für einen kurzen Moment an die Oberfläche ihres Bewusstseins kämpfen wollte, verdrängte sie erfolgreich.

Ihr Herz pumpte jetzt so schnell, dass sie befürchtete zu kollabieren. Sie blieb abrupt stehen, hatte jedoch Probleme, sich auf den Beinen zu halten. Ihr Kreislauf schien schlappzumachen. Plötzlich spürte sie, dass ihr schlecht wurde. Sie schleppte sich vom Schotterweg an die Uferkante des Kanals und ging in die Hocke. Nachdem sie die Augen geschlossen hatte, beruhigte sie sich allmählich. Der Brechreiz verschwand, das pulsierende Stechen in ihrem Oberkörper ließ langsam nach.

Vorsichtig öffnete sie die Augen wieder. Die Sonne blinzelte hinter den dicken Regenwolken hervor und blendete sie. Ein Regenbogen formte sich am Himmel.

Jetzt erst fiel ihr Blick ins Wasser der Kanaltrave. Sie bemerkte, dass etwas beständig gegen die Uferböschung schwappte. Noch hatten ihre Augen Probleme mit der Helligkeit, doch nach und nach erkannte sie Konturen. Ihre Übelkeit kehrte schlagartig zurück. Sie rappelte sich auf und betrachtete fassungslos die Frauenleiche im Wasser. Obwohl sie nicht erkennen konnte, um wen es sich bei der Toten handelte, hatte sie eine fürchterliche Ahnung.

3

Birger Andresens Handy klingelte, als er gerade in die Tiefgarage des Polizeipräsidiums einbog. Es war Viertel nach acht. Gerade erst war er aus Kiel zurückgekehrt, wo er mit Wiebke und den Kindern ein verlängertes Wochenende bei ihrer Mutter verbracht hatte. Auf dem Display erkannte er, dass es Frank Sibius war.

»Morgen«, brummte Andresen.

»Wo bist du? Kannst du schnell kommen?« Der Leiter der Mordkommission klang gehetzt. »Wir haben in zehn Minuten Krisensitzung. Man hat schon wieder eine gefunden.«

Andresen wollte etwas erwidern, doch das Gespräch wurde unterbrochen. Er musste daran denken, dass erst vor wenigen Tagen eine weibliche Wasserleiche in der Kanaltrave gefunden worden war, und befürchtete das Schlimmste. Er parkte seinen Volvo auf dem für ihn reservierten Parkplatz und nahm den Aufzug in die dritte Etage der Bezirkskriminaldirektion. Obwohl er das Behördenhochhaus mit seinem sterilen Interieur nicht mochte, hatte er nach all den Jahren längst das Gefühl, sein zweites Zuhause zu betreten. Wie viele Stunden, Tage und Nächte hatte er hier schon verbracht. Wahrscheinlich mehr als in seinem eigenen Haus.

Sein eigenes Haus in der Großen Gröpelgrube, in dem er nun seit mehr als einem Jahrzehnt lebte, sinnierte er. Anfangs mit seiner damaligen Frau Rita und ihrem gemeinsamen Sohn Ole, seit ein paar Jahren mit Wiebke und den beiden kleinen Mädchen. Es schien ihm noch immer surreal, dass er das Haus in der vergangenen Woche tatsächlich an ein Pärchen aus Süddeutschland verkauft hatte, das schon seit Langem auf der Suche nach einer passenden Immobilie in der Altstadt Lübecks gewesen war. Immerhin hatte er sich mit den neuen Besitzern, die das Haus komplett umgestalten wollten, darauf geeinigt, die Dachetage anzumieten. So ganz wollte er einfach noch nicht gehen und die Vergangenheit über Bord werfen.

Sein eigenes Haus. Das stand jetzt keine dreihundert Meter von der Abbruchkante des Brodtener Steilufers entfernt. Wiebke hatte sich durchgesetzt mit ihrer Idee, aufs Land zu ziehen. Wenn er darüber nachdachte, wie sich sein Leben verändern würde, gab es Momente, in denen er seine Entscheidung bereute.

Im ersten Stockwerk stieg eine junge Kollegin aus der Pressestelle in den Fahrstuhl ein.

»Guten Morgen, Birger.«

»Hallo, Martina. Wie geht's dir? Viel zu tun?«

»Na, du stellst Fragen. Hier ist der Teufel los. In einer Stunde beginnt die PK.« Ihr Handy klingelte. Knapp teilte sie dem Anrufer mit, dass sie den vereinbarten Termin nicht würde wahrnehmen können. Aus den Wortfetzen, die Andresen aufschnappte, schloss er, dass es um den Besuch einer Schulklasse ging, die sich den Polizeialltag aus nächster Nähe anschauen wollte.

Als sie im dritten Stockwerk anhielten, nickte er der noch immer telefonierenden Kollegin zu und verließ den Fahrstuhl. Sein Büro befand sich am Ende des Gangs auf der rechten Seite.

Andresen schaltete den Rechner an und blätterte rasch einige Papiere durch, ehe er beschloss, sich am Automaten auf dem Flur einen Espresso zu ziehen und anschließend ins Besprechungszimmer zu gehen, wo Sibius und die anderen bestimmt schon warteten. Als er aufstand, fiel sein Blick auf die oberste Mappe in seiner Ablage. Ein Einbruch in einem Bürogebäude in der Fackenburger Allee. Die Geschichte lag bereits einige Monate zurück und war mehr als hoffnungslos. Eigentlich hätte der Fall von den Kollegen vom Kommissariat für Raub, Körperverletzungsdelikte und Diebstahlsdelikte bearbeitet werden müssen. Weil es bei dem Einbruch jedoch zu einem kleineren Brand gekommen war, waren die Ermittlungen im Kommissariat für Tötungsdelikte, Todes- und Brandermittlungen und Vermisste hängen geblieben.

Um ihrer Pflicht nachzukommen, besuchten sie das betroffene Unternehmen in regelmäßigen Abständen und gaben vor, mehreren Spuren nachzugehen. Tatsächlich hatten sie vor Kurzem verwertbare DNA-Spuren an einem am Tatort gefundenen Stück Stoff sicherstellen können. Allerdings sah es nicht danach aus, als ob sie den genetischen Fingerabdruck, den das Labor erstellt hatte, jemals jemandem würden zuordnen können. Deshalb hatte sich Andresen eine neue Taktik überlegt, die den Fall möglicherweise in eine andere Richtung lenken würde. Am Nachmittag wollte er dem Geschäftsführer des Unternehmens, einer Wirtschaftsprüfungsgesellschaft, einen weiteren Besuch abstatten.

Als er das Besprechungszimmer betrat, herrschte eine angespannte Stimmung, die sich in Form von hektischer Betriebsamkeit entlud. Jemand stieß ihn versehentlich an, sodass er die Hälfte seines Kaffees verschüttete. Es war Kriminalkommissar Ben Kregel, einer von Andresens engsten Vertrauten.

»Sorry, Birger. Aber gut, dass du endlich da bist.«

»Guten Morgen, Ben. Klärst du mich kurz auf, was los ist?«

»Sag bloß, du weißt es noch nicht?«

»Doch, aber nicht –«

»Heute in den frühen Morgenstunden wurde schon wieder eine Wasserleiche im Klughafen gefunden«, unterbrach ihn Kregel. »Fast an derselben Stelle wie letzte Woche. Wieder eine Frau.«

Andresen nickte und runzelte die Stirn. Bei dem ersten Leichenfund vor zehn Tagen hatten sie einen tragischen Unfall nicht ausschließen können. Sie warteten noch immer auf den abschließenden Obduktionsbericht. Ein zweiter Leichenfund an nahezu identischer Stelle warf jedoch ein völlig anderes Licht auf die Sache.

Er vernahm ein Räuspern und drehte sich um. Hinter ihm stand Frank Sibius, der allen Anwesenden mit einer Handbewegung bedeutete, Platz zu nehmen.

Dass Sibius noch immer Leiter der Mordkommission war, hatte er seiner freiwilligen Rücktrittsankündigung zum Sommer zu verdanken. So war er einem Disziplinarverfahren und dem wahrscheinlichen Rausschmiss nach seiner wenig rühmlichen Rolle in einem Fall im vergangenen Jahr zuvorgekommen. Damals hatte er die Ermittlungen massiv behindert, indem er wichtige Informationen vorenthalten und mit der wichtigsten Zeugin ein heimliches Verhältnis gehabt hatte.

»Morgen«, begann Sibius. »Von einem guten Morgen kann leider keine Rede sein. Wie ihr wahrscheinlich bereits wisst, ist heute erneut eine Wasserleiche in der Kanaltrave gefunden worden. Die zweite innerhalb weniger Tage. Die Wahrscheinlichkeit ist groß, dass beide Todesfälle in irgendeiner Weise in Zusammenhang stehen.«

»Heißt das, wir nehmen jetzt offiziell die Ermittlungen auf?«, fragte Kregel.

»Ja«, antwortete Sibius. »Wir können nicht ausschließen, dass die Frauen einem Gewaltverbrechen zum Opfer gefallen sind.«

»Birnbaum hat bislang nichts in diese Richtung erwähnt«, warf Andresen ein. »Wieso sind wir uns jetzt plötzlich sicher, dass Brigitte Jochimsens Tod nicht doch ein Unfall gewesen ist?«

»Zu viele Gemeinsamkeiten«, erklärte Hauptkommissarin Ida-Marie Berg. Obwohl sie mittlerweile schon fast ein Jahr zum Team gehörte, haftete an ihr noch immer das Image der »Neuen«. Mit ihrer offenen, gelegentlich schroffen Art eckte sie ein ums andere Mal bei ihren Kollegen an.

Andresens Gedanken drifteten ab. Er und Ida-Marie hatten eine sonderbare Beziehung zueinander. Vom ersten Moment an war da dieses Knistern zwischen ihnen gewesen. Sie warf sich mal auf direkte, mal auf subtile Art und Weise an ihn heran, ohne dass es jemals tatsächlich zu einer körperlichen Annäherung gekommen wäre. Und obwohl er glücklich mit Wiebke liiert war, ließ er die Flirterei zu. Manchmal forcierte er sie sogar, wenn er herausfinden wollte, wie weit er tatsächlich gehen konnte. Es war, als gäbe es eine unsichtbare Mauer zwischen ihnen, die sie zu ihrem Selbstschutz voneinander trennte. Manchmal hatte Andresen Angst davor, dass die Mauer eines Tages verschwinden würde.

Erst letzte Woche waren sie gemeinsam im Kommunalen Kino gewesen. Ihm gefielen die Atmosphäre des alten Kinos und die Ruhe, die er dort fernab vom stressigen Arbeitsalltag fand. Früher war er gelegentlich nur deshalb dorthin gegangen, um zwei Stunden lang zu schlafen. Doch mit Ida-Marie an seiner Seite war an Schlaf nicht zu denken gewesen. Sie hatten viel gelacht, Bier getrunken und Popcorn gegessen. Wiebke hatte er erzählt, er treffe sich mit seinem alten Kumpel, dem Privatermittler Kalle Hansen, im Buthmanns, um an die neuesten Informationen zu kommen.

»… hörst du mir eigentlich zu, was ich dir erzähle?«, rief Ida-Marie plötzlich quer über den Besprechungstisch.

»Zu viele Gemeinsamkeiten«, wiederholte Andresen irritiert.
»Du kannst es mir ja gleich noch mal in Ruhe erklären.«
»Spinner!«, murmelte sie und warf ihm ein müdes Lächeln zu.
»Auch wenn wir die Tatorte und Tatzeiten noch nicht exakt bestimmen können, liegen einige Parallelen vor. Zwei tote Frauen binnen weniger Tage in der Kanaltrave. Beide wurden in den frühen Morgenstunden gefunden. Sorry, Birger, aber ich glaube nicht an Zufälle.«
»Kennen wir denn schon Details?«, fragte Andresen.
»Bislang noch nicht«, antwortete Kregel. »Wir versuchen gerade herauszufinden, wie die Tote heißt.«
»In Ordnung«, übernahm Sibius wieder das Wort. »Machen wir uns an die Arbeit. Birger und Ida-Marie leiten die Ermittlungen. Zur Seite stehen euch Ben und Julia.« Er beendete die Besprechung mit einigen kurzen Hinweisen, wie sich das Ermittlungsteam gegenüber der Presse in den kommenden Tagen zu verhalten habe.

»Birger, kommst du bitte kurz mit in mein Büro, ich muss mit dir reden.«

Andresen blickte seinen Chef überrascht an. Eigentlich war Sibius ein angenehmer Vorgesetzter. Kollegial, fair und nur selten launisch. Gerade hatte er jedoch ungewohnt ernst geklungen. Wortlos folgte er ihm in sein Büro und schloss die Tür hinter sich.

»Setz dich bitte, Birger.« Sibius hüstelte. Es war ihm deutlich anzumerken, dass ihm die Situation unangenehm war. »Vielleicht weißt du, weshalb ich mit dir sprechen möchte?«

»Um ehrlich zu sein, nein.«

Sibius legte eine kurze Pause ein und sah Andresen eindringlich an.

»Ich habe einen Hinweis erhalten, dass du dich mit einer Frau triffst«, sagte er schließlich. »Und wenn ich es richtig verstanden habe, handelt es sich nicht um deine Wiebke.«

Im ersten Augenblick glaubte Andresen, sich verhört zu haben. Vielleicht hatte Sibius da auch etwas verwechselt. Doch dann verstand er, worauf sein Chef hinauswollte.

»Okay, pass auf, Birger«, fuhr Sibius fort. »Im Grunde ist es mir egal, was du mit Ida-Marie machst. Zumal ich der Letzte bin, der dir in Sachen Beziehungen einen Rat geben sollte. Trotzdem will ich euch bitten, die Sache so professionell wie möglich zu regeln. Trennt das Private von eurer Arbeit.« Er machte eine kurze Pause, ehe er weitersprach. »Und klär das bitte so schnell wie möglich mit Wiebke, sie hat nicht verdient, dass du ihr ...«

»Halt mal!«, ging Andresen dazwischen. »Ich glaube, du hast da etwas vollkommen missverstanden. Von wem weißt du, dass ich mich mit Ida-Marie treffe?«

»Spielt keine Rolle«, wiegelte Sibius ab.

»Und ob«, entgegnete Andresen. »Derjenige, der dir das gesteckt hat, bringt da nämlich einiges durcheinander. Ich bin mit Wiebke glücklich und ziehe bald mit ihr aufs Land, falls du das vergessen hast.«

»Habe ich nicht«, entgegnete Sibius. »Umso mehr solltest du aufpassen, was du tust. Das, was ich gehört habe, klang in meinen Ohren alles andere als beruhigend.«

»Wem glaubst du eigentlich? Sag mir, mit wem du gesprochen hast.«

»Lass gut sein, Birger. Solange ich nicht persönlich vom Gegenteil überzeugt werde, glaube ich dir.« Noch einmal machte Sibius eine kurze Pause, bevor er fortfuhr. »Zurück zu unseren Wasserleichen«, sagte er ungewohnt flapsig. »Wir müssen schnell Ergebnisse liefern. Ich kann nur hoffen, dass wir es nicht mit einem Serienmörder zu tun haben. Vielleicht ist ja doch alles nur Zufall gewesen. Ich zähl auf dich und Ida-Marie.«

Andresen verzichtete darauf, Sibius' Worten etwas entgegenzusetzen.

Kopfschüttelnd ging er zurück an seinen Schreibtisch. Wer von seinen Kollegen hatte ein Interesse daran, Sibius über sein Privatleben zu informieren?

Das Telefon klingelte. Es war Kregel.

»Hast du einen Moment Zeit?«, fragte er. »Dann können wir über die bisherigen Erkenntnisse und die weitere Vorgehensweise sprechen.«

»Eigentlich ist es gerade ganz schlecht«, sagte Andresen, der mit seinen Gedanken noch immer bei Sibius und Ida-Marie war. »Können wir das nicht später machen?«

»Die Sache hat absolute Priorität. Du hast doch gehört, was Sibius gesagt hat.«

»Ja, schon gut. Ich bin gleich bei dir. Dann sprechen wir alles durch.« Andresen seufzte und lehnte sich in seinem Bürostuhl zurück. Vielleicht war es gut, dass er bald aufs Land zog. Keine spontanen Verabredungen mehr mit Ida-Marie, um abends in der café-BAR über die aktuellen Ermittlungen oder Gott und die Welt zu sprechen. Und auch keine weiteren Kinobesuche. Dabei war es ein wunderschöner Abend neulich gewesen. Sie hatten wirklich viel Spaß miteinander gehabt.

Er atmete tief aus und beschloss, seine Gedanken beiseitezuschieben. Zumindest fürs Erste.

4

»Beide Frauen sind im Klughafen in der Nähe des Binnenschiffanlegers von Joggern entdeckt worden.« Ben Kregel, der bereits die Untersuchungen im ersten Todesfall geführt hatte, saß Andresen gegenüber und versorgte ihn mit den wichtigsten Informationen.

Die erste Tote, Brigitte Jochimsen, eine vierundsechzigjährige pensionierte Grundschullehrerin, war in den frühen Stunden am Donnerstagmorgen vor eineinhalb Wochen etwa hundert Meter von der Hubbrücke entfernt direkt an der Uferkante auf der zur Altstadt hin gelegenen Seite gefunden worden. Als vorläufige Todesursache war Tod durch Ertrinken festgestellt worden. Den abschließenden Obduktionsbericht hatte die Rechtsmedizin vorerst zurückgestellt, weil man von einem Unglücksfall ausgegangen war. Alle Indizien hatten darauf hingedeutet. Zumal der Sohn der Verstorbenen ausgesagt hatte, dass Brigitte Jochimsen unter starkem Diabetes litt und schon einige Male das Bewusstsein verloren hatte.

»Die Leiche, die heute Morgen gefunden wurde, ist noch nicht identifiziert worden«, erklärte Kregel. »Möglicherweise handelt es sich jedoch um Katharina Kock. Eben ist eine Vermisstenmeldung eingegangen. Das könnte passen. Achtunddreißig Jahre alt, von Beruf Grafikerin.«

Andresen nickte und machte sich Notizen.

»Die Frauen sind in den späten Abendstunden beziehungsweise nachts ertrunken«, fuhr Kregel fort. »Alles andere ist derzeit noch ein großes Rätsel. Wir müssen die genauen Abläufe beider Todesfälle rekonstruieren, und wir benötigen dringend die Obduktionsberichte. Falls Fremdeinwirkung vorliegen sollte, müssen irgendwelche Spuren zu finden sein.«

»Ich fahre heute Nachmittag in die Rechtsmedizin«, sagte Andresen. »Vorher habe ich noch ein bisschen Zeit, um mir die Akten über Brigitte Jochimsen durchzulesen. Wir sollten auch noch einmal mit ihren Angehörigen sprechen.«

»Ich warne dich schon mal vor«, antwortete Kregel. »Ihr Sohn ist ein ziemlicher Kotzbrocken.«

Gegen Mittag hatte Andresen den Großteil der Unterlagen über Brigitte Jochimsen durchgearbeitet. Viel gaben die Notizen, Protokolle und Zeitungsausschnitte nicht her. Immerhin hatte er einen groben Überblick über die bisherigen Erkenntnisse gewinnen können.

Sein Magen knurrte. Er nahm die Treppe hinunter ins Erdgeschoss, wo sich die Kantine des Präsidiums befand. Mit Currywurst Pommes auf dem Tablett machte er es sich an einem der Tische bequem, an denen noch niemand saß. Nach einer Weile setzten sich einige junge Streifenpolizisten an einen der Nachbartische. Sie redeten lauthals über die Wasserleiche, die heute Morgen im Klughafen gefunden worden war. Offenbar waren ein paar von ihnen vor Ort gewesen.

»Zum Glück lag die noch nicht allzu lange im Wasser, ansonsten hätte ich heute Morgen schon kotzen müssen«, sagte der Wortführer. »Und das hätte nichts mit den Drinks von gestern Abend zu tun gehabt.«

Die anderen lachten laut auf und prosteten sich mit einem Malzbier zu. Anschließend widmeten sie ihre Aufmerksamkeit wieder ihrem Essen. Andresen fragte sich, ob er sich in seinen jungen Jahren ähnlich verhalten hatte. Ob er auch so respekt- und pietätlos gewesen war. Der Streifenpolizist setzte noch einmal an, wieder lauschte Andresen.

»Mal ehrlich, so wie der Gesichtsausdruck von der aussah, kann es kein Unfall gewesen sein. Die hatte einen richtig panischen Blick, als wenn jemand sie ...« Er kam nicht dazu, die letzten Worte auszusprechen.

Andresen war so abrupt aufgesprungen, dass der junge Mann vor Schreck seine Gabel fallen ließ.

»So, jetzt hört mir mal gut zu. Wenn ihr etwas zu sagen habt, dann raus damit! Am besten, ihr kommt alle mit in mein Büro und erzählt es mir da!« Er drehte den verdutzt dreinschauenden Streifenpolizisten den Rücken zu und verließ verärgert die Kantine.

Eine halbe Stunde später saß er wieder allein in seinem Büro. Was sie berichtet hatten, hatte ihn kaum weitergebracht. Sie vermuteten zwar, dass der Tod der Frau durch Fremdeinwirkung eingetreten war, konkrete Anhaltspunkte hatten sie jedoch nicht.

Sie benötigten Fakten, die bewiesen, dass bei beiden Todesfällen ein Tötungsdelikt vorlag. Außerdem mussten sie versuchen, einen Zusammenhang zwischen beiden Fällen herzustellen.

Andresen ging noch einmal alles durch. Er musste dringend mit Professor Birnbaum sprechen. Nur so konnte er Gewissheit darüber erlangen, was die Todesursache der beiden Frauen betraf.

Er griff zum Hörer und rief Ida-Marie an. »Ich fahre gleich in die Rechtsmedizin. Mal sehen, was Birnbaum zu berichten hat. Hast du Lust, mitzukommen?«

»Klar, wenn du mich so nett fragst. Ich befürchte allerdings, dass mir bei diesen Leichenfledderern schlecht wird.«

»Na prima. Probier's mal mit 'nem Schnaps und 'nem Kaugummi. Hat bei mir früher immer geholfen. Meistens ist es nicht der Anblick der Leichen, sondern der seltsame Geruch, der einem den Magen umdreht.«

»Birgers Hausmittelchen«, antwortete Ida-Marie lachend. »Ich probier's mal.«

»Aber nur *einen* Schnaps. Du musst nämlich fit sein. Wir haben vorher noch einen anderen Termin.«

»Aye, aye, Sir!«

5

Andresen parkte seinen Volvo vor dem Bürogebäude in der Geniner Straße unweit des Gasometers und wunderte sich wie schon bei ihrem ersten Besuch über den wenig vornehmen Sitz der Wirtschaftsprüfung.

Die hübsche Sekretärin, die die Tür öffnete, schenkte ihm und Ida-Marie ein strahlendes Lächeln. Sie folgten ihr den langen Flur bis ans Ende des Gangs. Dabei warf Andresen einen Blick links und rechts in die Büroräume, in denen junge, aufstrebende Mitarbeiter in feinen Anzügen und Kostümen saßen.

»Einen kleinen Augenblick noch. Herr Ensink wird gleich für Sie da sein. Möchten Sie Wasser oder einen Kaffee?«

»Für mich bitte einen Tee, falls das keine Umstände bereitet«, antwortete Andresen.

»Überhaupt nicht. Sie können solange schon einmal Platz nehmen«, sagte die Sekretärin und verschwand mit einem eleganten Hüftschwung auf den Gang.

Das Vorzimmer des Chefbüros sah aus, als hätte jemand versucht, bei der Wahl des geschmacklosesten Büros den ersten Preis zu gewinnen. Die schwarzen Möbel wirkten trist und lieblos ausgewählt. Über einem Sideboard hing ein Ölgemälde, das den Anschein erweckte, gerade eben noch dem Sperrmüll entkommen zu sein. Die beiden modernen, aber billigen Bürostühle, auf denen sie saßen, und der stillose Glastisch, auf dem einige Prospekte lagen, rundeten den negativen Gesamteindruck des Zimmers ab. Entweder warf der Laden nicht genug Geld ab, oder hier wurde so viel gearbeitet, dass für solche Details keine Zeit blieb.

Die Tür zum Chefbüro öffnete sich, und ein Mann um die vierzig trat auf sie zu. Andresen musterte ihn. Roland Ensink trug einen schwarzen Anzug, ein weißes Hemd und eine blau-weiß gestreifte Krawatte. Hanseatisch schick, aber auch etwas unmodern.

Ensink begrüßte sie mit aufgesetzter Lockerheit und bat sie herein. Nach dem üblichen Small Talk nahmen sie an einem kleinen Besprechungstisch Platz. Abgestandene Luft hing im Raum; Andresen erinnerte sich, dass ihm der unangenehme Geruch bereits bei seinem letzten Besuch aufgefallen war.

»Um gleich zum Wesentlichen zu kommen«, begann er. »Wir haben neue Erkenntnisse, die den Fall möglicherweise in einem anderen Licht erscheinen lassen.«

»Ach ja? Dann schießen Sie mal los. Ich bin gespannt.« Ensink nahm eine überhebliche Abwehrhaltung ein. Er hatte schon mehrfach zu verstehen gegeben, dass er von der Ermittlungsarbeit nicht sonderlich viel hielt.

»Wie Sie wissen, haben wir damals in der Nähe des eingeschlagenen Fensters ein Stück Stoff gefunden. Unserem Labor ist es gelungen, Spuren zu identifizieren und einen genetischen Fingerabdruck zu erstellen.«

Andresen machte eine Pause und trank von dem Tee, den die Sekretärin mittlerweile gebracht hatte. »Wir haben außerdem versucht, den Einbruch zu rekonstruieren, und konnten feststellen, dass es unmöglich ist, an der Gebäudefassade hochzuklettern und über das eingeschlagene Fenster im vierten Stockwerk in die Büroräume einzusteigen. Hinzu kommt, dass wir keinerlei Spuren an der Fassade ausmachen konnten. Folglich kann es nur zwei Schlussfolgerungen geben. Entweder sind die Einbrecher über einen anderen Weg auf den Dachvorsprung gelangt, oder aber ...«

Er räusperte sich. »Ich sag's Ihnen ganz ehrlich. Wir können nicht länger ausschließen, dass einer Ihrer Mitarbeiter den Einbruch fingiert und anschließend die Computer gestohlen hat. Der Brand im EDV-Raum könnte letztlich nur als Ablenkung gedient haben.«

Ensink schüttelte den Kopf und legte die Stirn in Falten. »Haben Sie irgendwelche Beweise für diese These?«

»Noch nicht«, antwortete Andresen. »Aber falls wir herausfinden sollten, dass die DNA mit der eines Ihrer Mitarbeiter übereinstimmt, wird es ungemütlich.«

»Für meine Mitarbeiter lege ich die Hand ins Feuer«, entgegnete Ensink barsch. »Absolut haltlose Vermutungen sind das. Kommen Sie wieder, wenn Sie etwas Stichhaltiges haben. Wenn ich Sie jetzt bitten darf?«

»Sagen Sie Ihren Mitarbeitern, dass sie sich darauf einstellen sollen, vorgeladen zu werden. Sie müssen eine Speichelprobe abgeben. Das betrifft im Übrigen auch Sie.«

Andresen stand auf und gab Ida-Marie ein Zeichen, gehen zu wollen. Ensink murmelte wutschnaubend etwas Unverständliches vor sich hin.

»Bevor ich es vergesse«, Andresen drehte sich noch einmal um, »es gibt eine Zeugenaussage darüber, dass eine silberfarbene Limousine zur Tatzeit auf dem Parkplatz gesehen wurde. Was für ein Auto fahren Sie noch mal?«

»Jetzt reicht's mir aber endgültig«, rief Ensink aufgebracht. »Raus hier!«

»Glaubst du wirklich, dass er dahintersteckt?«, fragte Ida-Marie, als sie wieder in Andresens Auto saßen.

»Nein«, antwortete Andresen.

»Aber die Sache mit dem Wagen. Das passt doch. Ensink fährt einen silbernen BMW.«

»Ja, das stimmt. Das ist aber auch schon alles.«

»Das heißt, du hast ...«

»Ja.« Andresen lächelte Ida-Marie an. »Ich wollte ihn ein wenig aus der Reserve locken.«

»Hat aber nicht funktioniert. Ich finde, seine Reaktion war angemessen.«

»Auf jeden Fall ist es eine Option, die wir überprüfen sollten. Außerdem macht es mir auch Spaß, diesen Ensink ein bisschen zu ärgern.«

»Trotzdem sollten wir langsam mal eine ernst zu nehmende Spur finden. Andernfalls wird die Sache wohl liegen bleiben.«

»Ich hoffe auf den DNA-Abgleich. Das Labor in Kiel ist derzeit leider etwas langsam, die kommen kaum nach mit den Analysen.«

»Apropos«, sagte Ida-Marie und zog einen metallenen Gegenstand aus ihrer Jackentasche. »Auch 'nen Schluck?«

Andresen sah sie perplex an. Dann lächelte er und griff nach dem Flachmann.

Sie erreichten das Institut für Rechtsmedizin am frühen Nachmittag. Es lag auf dem Gelände des ehemaligen Städtischen Krankenhaus Süd, gehörte jedoch zum Universitätsklinikum Lübeck. Geleitet wurde es von Professor Dr. Birnbaum.

Birnbaum, ein knochiger, sehniger Mann, der nur selten lächelte, hatte schon häufig erfolgreich mit der Kripo zusammengearbeitet.

Sein Kollege Dr. Klemens von Heideloff wirkte wie eine jüngere Kopie von ihm: optisch von großer Ähnlichkeit und sogar noch eine Spur pedantischer in seinen Formulierungen.

Andresen klopfte an Birnbaums Bürotür. Nachdem niemand antwortete, drückte er die Klinke herunter, doch die Tür war verschlossen.

»Lass uns ein anderes Mal wiederkommen«, sagte Ida-Marie.

»Ich bin mir sicher, dass Birnbaum da ist. Vielleicht ist er unten in der Leichenhalle. Kommst du mit?«

Nach einer etwas längeren Bedenkzeit brachte Ida-Marie ein wenig überzeugendes »Ja« hervor.

Gleich hinter der Kontrolle am Eingang der Leichenhalle durch einen Angestellten des Instituts fragte Andresen Ida-Marie, ob sie an die Kaugummis gedacht habe. Sie nickte und steckte sich fahrig einen in den Mund. Das Unbehagen war ihr deutlich anzumerken.

Sie traten durch die stählerne Schwingtür und standen nach wenigen Schritten mitten in der Leichenhalle. Sie war verhältnismäßig klein und nicht mehr auf dem aktuellsten Stand der Technik. Dadurch wirkte sie weniger steril und kühl als die modernen Leichenhallen in den neuen Krankenhäusern.

»Wie hast du es dir denn vorgestellt?«, fragte Andresen, als er Ida-Maries skeptischen Blick sah. »Wir sind hier nicht in New York. In Lübeck hat man nun mal nicht so viele Leichen, die obduziert werden müssen. Mit den beiden Wasserleichen sind die Kapazitäten wahrscheinlich bereits erschöpft.«

»Guten Tag, Herr Kommissar.« Aus einer dunklen Ecke des Raumes trat ein großer ergrauter Mann auf sie zu. Professor Birnbaum begrüßte sie mit einem kurzen Nicken und einem schwer zu interpretierenden Blick. »Ich kann Sie beruhigen, wir haben zwar viel zu tun, aber an unsere Kapazitätsgrenzen stoßen wir noch lange nicht.«

»Herr Professor«, begrüßte Andresen Birnbaum. »Wir waren vorhin schon vor Ihrem Büro, aber es war verschlossen.«

»Dr. von Heideloff weilt im Urlaub«, erklärte Birnbaum. »Deshalb findet man mich zurzeit öfter am Seziertisch als im Büro.«

»Wie bedauerlich«, antwortete Andresen süffisant. Er mochte von Heideloff nicht. »Darf ich Ihnen übrigens meine Kollegin, Kriminalhauptkommissarin Ida-Marie Berg, vorstellen?«

»Sie dürfen.«

Professor Birnbaum musterte Ida-Marie mit strengem Blick und reichte ihr schließlich die Hand, nachdem er sich seiner Gummihandschuhe entledigt hatte.

»Guten Tag, Herr Professor. Ich habe schon viel von Ihnen gehört«, sagte Ida-Marie.

»Ich hoffe, nur Gutes.«

»Aber selbstverständlich. Sie sind ja eine wahre Koryphäe der Rechtsmedizin.«

Andresen schaute überrascht zu Ida-Marie und schmunzelte. Dann übernahm er das Gespräch wieder.

»Sie können sich sicher denken, weshalb wir hier sind. Mit dem heutigen Leichenfund hat sich die Sachlage verändert. Wir ermitteln möglicherweise aufgrund eines Tötungsdeliktes. Das Wichtigste ist im Moment, dass wir Gewissheit darüber bekommen, was zu dem Tod der beiden Frauen geführt hat. Sobald wir die Obduktionsberichte vorliegen haben, können wir die nächsten Schritte einleiten.«

Birnbaum schob seine Brille an den äußersten Rand seiner Nase und musterte Andresen.

»Nun, Andresen, lassen Sie es mich so sagen. Ich war heute nicht ganz untätig.« Er fuhr sich mit seiner knochigen Hand übers Kinn. »Ich habe beide Körper untersucht und einige sehr interessante Erkenntnisse gewonnen.«

Andresen blickte ihn ungeduldig an. Konnte Birnbaum nicht einfach zur Sache kommen?

»Zuallererst ist festzustellen, dass die Todesursache in beiden Fällen tatsächlich Ertrinken lautet. Beide Frauen haben nicht länger als zwölf Stunden im Wasser gelegen. Brigitte Jochimsen starb zwischen einundzwanzig und dreiundzwanzig Uhr. Den exakten

Todeszeitpunkt der zweiten Frau müssen wir noch ermitteln. Darüber hinaus können wir mit einiger Bestimmtheit sagen, dass die beiden nicht durch eigenes Verschulden ertrunken sind.«

Andresen nickte wortlos. Es war also, wie sie vermutet hatten. Kein Unfall. Ganz offenbar lag Fremdeinwirkung vor.

»Können Sie das vielleicht etwas genauer spezifizieren?«, bat Ida-Marie. »War es Mord?«

»Ich bin nicht für solche Schlussfolgerungen zuständig, Frau Kommissarin. Wir liefern nur die Fakten. Aber Sie können davon ausgehen, dass wir es mit einem Gewaltverbrechen zu tun haben.«

Professor Birnbaum ging zum Waschbecken, das sich gleich neben der Eingangstür befand, und wusch sich ausgiebig die Hände.

»Lassen Sie uns in meinem Büro weiterreden«, sagte er, während er jeden einzelnen seiner knochigen Finger sorgfältig mit einem Handtuch abtrocknete.

Andresen und Ida-Marie erfuhren von Birnbaum, dass im Blut und in der Nasenschleimhaut der beiden Leichen Spuren von Chloroform gefunden worden waren. Zudem wies die Leiche, die heute Morgen gefunden worden war, Druckstellen an den Schulterblättern und im unteren Halsbereich sowie Hämatome am Oberkörper auf.

»Die Verletzungen der Frau lassen darauf schließen, dass sie mit ihrem Tod in Zusammenhang stehen. Wir werden Gewissheit haben, sobald die Untersuchungen abgeschlossen sind. Wir haben nämlich außerdem an beiden Frauen winzige Partikel fremder Textil- und DNA-Spuren gefunden, die vom Labor in Kiel untersucht und abgeglichen werden.«

»Was hat es mit dem Chloroform auf sich?«, wollte Andresen wissen. »Die Frauen waren also bewusstlos, als sie ins Wasser gerieten?«

»Wie Sie vielleicht wissen, ist Chloroform der Trivialname für Trichlormethan, einen chlorierten Kohlenwasserstoff. Chloroform ist eine farblose, nicht entflammbare Flüssigkeit, deren Dämpfe Bewusstlosigkeit verursachen und die Schmerzempfindung aufheben. Früher wurde Chloroform als Narkosemittel verwendet, wegen der toxischen Wirkung auf die inneren Organe wird darauf heutzutage allerdings verzichtet. Es wird mittlerweile vor allem für chemische Synthesen und als Lösungsmittel genutzt.«

»Das heißt also –«?«

»Ja«, fiel Birnbaum Andresen ins Wort. »Jemand hat aller Wahrscheinlichkeit nach versucht, die Frauen mit Trichlormethan außer Gefecht zu setzen. Wir müssen zwar, wie gesagt, noch auf die Laborergebnisse warten, um ganz sicher sein zu können. Aber ich lehne mich nicht zu weit aus dem Fenster, wenn ich Ihnen rate, schnellstens die Ermittlungen in Gang zu setzen.« Professor Birnbaum setzte eine ernste Miene auf.

Andresen wunderte sich über Birnbaum. Er musste sich sehr sicher sein, denn normalerweise ließ er sich nicht zu voreiligen Schlussfolgerungen hinreißen.

Zurück im Polizeipräsidium nahm sich Andresen ein weiteres Mal die Unterlagen über Brigitte Jochimsen vor. Erst nach einigen Minuten entdeckte er zwei Nachrichten, die ihm jemand auf kleinen gelben Zetteln an den Monitor geklebt hatte. Er sollte so schnell wie möglich Roland Ensink zurückrufen. Das konnte vorerst warten. Die andere Nachricht war von Kregel. Offenbar war die heute Morgen gefundene Leiche nun offiziell als Katharina Kock identifiziert worden. Immerhin hatten sie in diesem Punkt jetzt Klarheit.

Andresen versuchte sich zu vergegenwärtigen, was sie bislang in Erfahrung gebracht hatten.

Birnbaum hatte ihnen bestätigt, dass die beiden Frauen mit hoher Wahrscheinlichkeit durch Fremdverschulden zu Tode gekommen waren. Und sie wussten auch, um wen es sich bei den Frauen handelte. Das war aber auch schon alles, was ihnen an Erkenntnissen vorlag.

Er rief Ida-Marie an und vereinbarte, am nächsten Morgen über Katharina Kock zu reden. Außerdem mussten sie mit ihren Angehörigen sprechen, falls Kregel damit nicht schon begonnen hatte. Er dachte an entscheidende Details, die bislang fehlten und schnell geklärt werden mussten. An den Tatort und das Täterprofil. Und was war überhaupt mit möglichen Zeugen?

Andresen fühlte sich müde, legte die Akten beiseite und knipste die Schreibtischlampe aus. Eine Sache wollte er noch erledigen, bevor er nach Hause fuhr.

Als er vor Sibius' Tür stand, war es kurz vor sieben. Er wollte ihn noch einmal auf die Situation mit Wiebke und Ida-Marie ansprechen, wollte nicht auf sich sitzen lassen, was ihm sein Chef vorgeworfen hatte. Er klopfte und trat ein, ohne auf eine Reaktion zu warten.

Sibius war nicht mehr da. Das Büro war dunkel, der Schreibtisch längst verlassen. Enttäuscht verließ Andresen den Raum und fuhr mit dem Fahrstuhl in die Tiefgarage. Im Auto schaltete er das Radio ein. Es liefen gerade die Sieben-Uhr-Nachrichten.

Während er auf die Geniner Straße einbog und sich über einige Verkehrsteilnehmer im Kreisverkehr aufregte, hörte er die Stimme der Nachrichtensprecherin:

»... die achtunddreißigjährige Frau wurde offenbar Opfer eines Gewaltverbrechens.«

Sofort drehte er das Radio voll auf.

»Inwieweit dieser Mord mit dem Tod einer vierundsechzigjährigen Frau, die vor zehn Tagen ebenfalls im Lübecker Klughafen gefunden wurde, in Zusammenhang steht, versucht die Polizei derzeit zu klären.«

Pause.

»Und zum Abschluss noch das Wetter ...«

Andresen stellte das Radio wieder leiser und unterdrückte einen Fluch.

Diese Pressemitteilung war nicht abgestimmt worden. Wer zum Teufel hatte das veranlasst? Was sie derzeit am wenigsten gebrauchen konnten, war eine panische Bevölkerung. Oder war es etwa gar nicht veranlasst worden, sondern durch eine undichte Stelle nach außen gesickert? Wie schon einige Male in der Vergangenheit geschehen? Möglicherweise hatten die Medien aber auch einfach nur eins und eins zusammengezählt?

Er parkte an der Wakenitzmauer und ging die Große Gröpelgrube hoch. Sein kleines Altstadthaus befand sich auf mittlerer Höhe der Straße. Er hatte gern hier gewohnt, mitten in der Altstadt, immer in der Lage, die meisten Dinge zu Fuß erledigen zu können. Selbst der Bürgermeister hatte gleich in der Nachbarschaft gewohnt.

Als er das Haus damals gekauft hatte, war es kurz zuvor vollständig saniert worden. Er hatte Glück gehabt, die meisten der ihm angebotenen Häuser waren in einem stark renovierungsbedürftigen Zustand gewesen, die tollen Postkartenhäuser Lübecks alle vergeben. Eines Tages war sein Makler dann mit diesem Objekt um die Ecke gekommen. Andresen hatte nicht lange überlegt. Seine Exfrau war sofort begeistert gewesen und Ole, ihr gemeinsamer Sohn, ebenfalls.

Sie hatten schöne Jahre in dem Haus verlebt. Nach der Scheidung und Ritas Auszug hatte es zwar Tage gegeben, an denen er es am liebsten verkauft hätte, aber alles in allem hatte er sich hier immer wohlgefühlt.

Ole war vor zwei Jahren ebenfalls ausgezogen und hatte eine eigene kleine Wohnung am Rand der Altstadt angemietet. Gerade als Andresen angefangen hatte, sich allein in seinem Haus wohlzufühlen, war Wiebke in sein Leben getreten. Obwohl er Ruhe und Einsamkeit zu schätzen wusste, war er gleichzeitig auch ein Mensch, der jemanden an seiner Seite brauchte. Wiebke war sofort präsent gewesen, war schon nach wenigen Wochen bei ihm eingezogen und hatte schließlich noch ihre Tochter aus einer vorherigen Beziehung mitgebracht. Vor zwei Jahren hatten sie dann gemeinsam Nachwuchs bekommen. Die kleine Marlene hielt ihr Leben ganz schön auf Trab.

Andresen seufzte, als er die Haustür aufschloss. Noch drei Wochen, dann hieß es Abschied nehmen von seinem einstmaligen Traum. Er ging in die Küche und stellte zwei Pfannen auf den Gasherd. Anschließend schnappte er sich einen Sack Kartoffeln, ein Messer sowie eine Zeitung und ging die Treppe hinauf ins Wohnzimmer. Er schaltete den Fernseher ein und ließ sich auf die Couch fallen. Aus dem Augenwinkel sah er, dass der Anrufbeantworter blinkte; er stand auf und hörte die Nachricht ab. Es war Wiebkes Stimme, die mit einem Mal durch den Raum klang. Sie würde mit den Kindern noch ein paar Tage länger bei ihrer Mutter in Kiel bleiben.

Ihre Stimme klang beruhigend und angenehm. Sie hatte ihm einen schönen Arbeitstag gewünscht und ein »Ich liebe dich« mit auf den Weg gegeben. Das mit dem angenehmen Arbeitstag war schon mal nichts geworden. Vielleicht sollte er sie anrufen und ihr sagen, dass er sie auch liebte.

Andresen zögerte. Er telefonierte nicht gern privat. Wenn er nicht sah, wie sein Gegenüber reagierte, welchen Gesichtsausdruck es zeigte, dann fühlte er sich unsicher. Wahrscheinlich eine berufsbedingte Macke. Außerdem wollte er heute Abend endlich mal wieder ins Buthmanns gehen. Das war mehr als notwendig nach diesem Tag.

Nachdem er Spiegeleier und Bratkartoffeln gegessen hatte, verließ er das Haus um kurz nach neun. Bevor er das Buthmanns ansteuerte, schlug er einen kleinen Umweg ein. Er ging die Große Gröpelgrube hinab in Richtung Wasser. Als er die Kanalstraße überquerte, klingelte sein Handy. Er zog es aus der Hosentasche und blickte aufs Display. Es war Wiebke. Im nächsten Moment kam ein Auto hupend angefahren. Andresen erschrak und lief hastig auf die andere Straßenseite. Das Handy hatte aufgehört zu klingeln. Einen Augenblick lang zögerte er. Vielleicht sollte er kurz zurückrufen. Bescheid geben, dass alles in Ordnung war. Er entschied sich dagegen und ließ das Telefon wieder in der Hosentasche verschwinden.

In der Nähe des Parkdecks, gleich neben dem Recyclinghof, suchte er sich einen Weg, der direkt ans Wasser führte. Unweit von hier hatte heute Morgen ein Jogger Katharina Kock gefunden. Er sah sich auf der Suche nach Absperrbändern um, konnte aber nirgends welche entdecken. Er stand jetzt direkt an der Wasserkante. Links die Hubbrücke. Zu seiner Rechten konnte er in der Dunkelheit kaum etwas ausmachen. Plötzlich tauchte der Mond hinter den Wolken auf und warf ein wenig Licht auf den Kanal. Im Wasser spiegelte sich sein schwarzer Schatten. Leicht verzerrt, aber dennoch deutlich sichtbar.

Andresen konnte erkennen, dass das Wasser des Kanals in Richtung Trave, also in Richtung der Hubbrücke floss. Demnach kam die Strömung von rechts. Soweit er informiert war, hatte man in der Umgebung der Fundorte an Land keine Spuren gefunden. Das bedeutete, dass die Frauen möglicherweise viel weiter kanalaufwärts ertränkt worden waren. Sie mussten dringend die Ufergebiete nach Spuren absuchen. Er nahm sich vor, mit den Kollegen der Wasserschutzpolizei zu sprechen.

Andresen blieb noch einen Moment stehen und blickte in den nächtlichen Himmel. Dann wandte er sich um und ging zurück in Richtung Altstadt. Die Augen, die ihn dabei beobachteten, bemerkte er nicht.

Im Buthmanns war um diese Uhrzeit noch nicht allzu viel los, sodass er seinen Platz frei wählen konnte. Er nahm sich eine Tageszeitung und setzte sich an einen Zweiertisch. Als die Bedienung kam, bestellte er ein großes Bier und einen Aquavit.

Es war ein ruhiger Abend in der urigen Kneipe. Gegen Viertel vor elf setzten sich zwei Männer an den Tisch neben ihm. Er kannte die beiden flüchtig und nickte ihnen zu.

»Jedes Mal, wenn ich abends noch ein Bier trinken gehen will, flippt meine Alte aus«, sagte der hagerere der beiden Männer mit einem Mal so laut, dass Andresen notgedrungen zuhören musste. »Als wenn das so schlimm wäre. Ich geh doch nicht in den Puff.«

»Geht mir genauso. Heute Abend hat sie auch wieder Theater gemacht. Dabei weiß sie ganz genau, dass ich mit dir im Buthmanns bin.«

Andresen hatte Probleme, sich auf seine Zeitung zu konzentrieren. Die Situation der beiden Männer kam ihm vertraut vor. In letzter Zeit hatte er diese Diskussionen mit Wiebke häufig geführt, wenn er erst spätabends aus dem Büro nach Hause gekommen war oder noch ein Feierabendbier im Buthmanns getrunken hatte. Oder mit Ida-Marie im Kino gewesen war, dachte er zerknirscht.

Was ihm noch mehr zu denken gab, war die Tatsache, dass er Wiebke nicht zurückgerufen hatte und stattdessen hier seinen Abend verbrachte. Was genau wollte er eigentlich? Wusste er das überhaupt?

Ja, natürlich tat er das, rief er sich zur Raison. Er beschloss, nach Hause zu gehen und Wiebke anzurufen. Noch war es früh genug. Sie würde bestimmt noch nicht schlafen.

»Ein Bier und einen Kurzen für alle geplagten Männer!«, rief der Hagere plötzlich. »Komm, trink mit uns!«

Andresen hatte keine Chance zu protestieren. Ehe er sich's versah, stieß er mit seinen beiden Tischnachbarn an.

6

Hastig nahm sie den Beutel aus dem Wasser und warf ihn in den Biomüll. Der Schwarztee hatte lange genug gezogen. Sie war in Eile, die Küchenuhr zeigte an, dass es bereits Viertel nach sieben war. Um halb acht musste sie spätestens los. Und vorher wollte sie noch frühstücken und ein paar Unterlagen kopieren.

Sie löffelte rasch ihr Müsli fertig und blickte kurz in die Tageszeitung. Der Bote hatte sie gerade erst durch den Briefschlitz geworfen.

Während sie flüchtig den Lokalteil aufschlug und ihre Brille zurechtschob, nippte sie an ihrer Teetasse. Sie las ein paar Schlagzeilen und blätterte weiter. Als sie fertig war, faltete sie die Zeitung zusammen und legte sie vor sich auf den Tisch. Die Titelseite brachte eine Story über einen Polizeieinsatz.

Im nächsten Augenblick glitt ihr die Tasse aus der Hand. Sie zerbarst in tausend Splitter, der heiße Tee verteilte sich auf dem Boden und auf ihrem Pyjama. Sie spürte, dass sie sich den Oberschenkel verbrüht hatte, doch Schmerzen konnte sie in diesem Moment nicht empfinden.

Obwohl sie lediglich die Überschrift und die ersten Sätze des Artikels gelesen hatte, wusste sie sofort, was das Ganze zu bedeuten hatte. Sie hatte schon beim ersten Mal in der vergangenen Woche ein komisches Gefühl gehabt, aber jetzt war es klar und eindeutig.

Er hatte tatsächlich Ernst gemacht. Seine leisen Drohungen von damals klangen ihr plötzlich im Ohr. Es hatte sich lange angekündigt, jetzt hatte es sich bewahrheitet. Er war verrückt geworden. Sie hatte keinen Zweifel mehr daran, dass er der Täter war. Aber was sollte sie jetzt tun? Darauf warten, bis sie an der Reihe war? Wie lange würde er sein Spielchen treiben wollen?

Natürlich wusste sie, dass sie eine Teilschuld an der ganzen Situation trug. Das hatte sie nie bestritten. Aber es war immerhin auch eine lange Zeit seither vergangen. Und schließlich hatte sie selbst genug gelitten. Irgendwer musste ihn jetzt stoppen. Nur wen gab es noch, der von all dem, was passiert war, wusste? Zwei von ihnen waren tot. Es blieb also nur sie selbst übrig. Sie musste mit ihm reden, wenn sie verhindern wollte, dass sie das nächste Opfer würde. Aber konnte das überhaupt zu etwas führen? Mit ihm reden. Was, wenn nicht? Gab es eine andere Möglichkeit, ihn aufzuhalten?

Sie blickte wieder auf die Uhr. Fünf vor halb acht. Sie musste los, andernfalls käme sie zu spät. Notdürftig schob sie die größten Scherben mit einem Besen zusammen und sammelte sie auf. Anschließend lief sie ins Schlafzimmer, zog den Pyjama aus und schlüpfte hastig in ihre Kleidung. Eine schnelle Katzenwäsche, Zähne putzen, das musste genügen. Die Schmerzen am Oberschenkel nahm sie noch immer nicht wahr. Stattdessen spürte sie, dass die Angst, die sie verdrängt geglaubt hatte, langsam zurückkehrte.

7

Weshalb nur hatte er nicht Nein sagen können? Er hätte doch einfach gehen können. Seine Biere bezahlen und sich zu Hause aufs Ohr legen. Stattdessen hatte er immer und immer wieder mit Bruno und Schorsch angestoßen. Mal auf die Männer, mal auf die Frauen, meistens jedoch auf das Leben an sich.

Jetzt musste Andresen mit den Konsequenzen leben. Er kauerte in seinem Bürostuhl und wartete darauf, dass sich die Brausetablette vollständig in dem Glas Wasser auflöste.

In zehn Minuten begann die Besprechung der Ermittlungsgruppe. Sie mussten sich über den aktuellen Stand der Ermittlungen austauschen und die nächsten Schritte planen.

Er machte sich einige Notizen und trank das Wasser in zwei raschen Zügen aus. Was war das bloß für ein Abend gewesen. Ein typischer Buthmanns-Abend eben. Als er um kurz nach halb eins seine Haustür aufgeschlossen hatte, war ihm wieder eingefallen, dass er eigentlich noch Wiebke hatte anrufen wollen. In seinem angetrunkenen Zustand hatte er ihre Nummer gewählt, doch nach zweimaligem Klingeln wieder aufgelegt. Er war sich sicher, dass sie wach geworden war. Was war er manchmal doch nur für ein Idiot? Er musste sie nach der Besprechung dringend anrufen und sich bei ihr entschuldigen.

Es klopfte an seiner Tür. Kollege Kai Lorenz steckte den Kopf ins Büro.

»Moin, Birger. Alles klar bei dir? Hab gehört, du arbeitest an diesem Fall mit den Wasserleichen. Keine leichte Nummer, was?«

Andresen lächelte müde und nickte Lorenz zu. »Hattest du dich nicht zusammen mit Kregel um den Tod von Brigitte Jochimsen gekümmert?«

»Viel war ja nicht zu tun. Wir dachten, es handele sich um einen Unfall. Alles deutete darauf hin.« Lorenz zuckte mit den Schultern. »Vor allem das Gespräch mit ihrem Sohn und dessen Frau. Sie konnten sich nichts anderes als einen Unfall vorstellen.«

»Etwas vage, diese Theorie«, sagte Andresen.

»Wenn du noch einmal mit ihrem Sohn sprichst, dann pass auf, dass er dir nicht an die Gurgel springt. Ein sehr ungemütlicher Mensch.« Lorenz nickte Andresen zu und verschwand.

Schon wieder dieser Hinweis auf den schwierigen Charakter von Brigitte Jochimsens Sohn. Er hatte offenbar einen bleibenden Eindruck bei seinen Kollegen hinterlassen.

Andresen blickte auf die Wanduhr, die über der Tür hing. Noch drei Minuten. Er nahm die Notizen, die er sich gemacht hatte, und verließ das Büro.

Die Besprechung verlief schleppend. Zu Beginn berichtete Andresen von den Erkenntnissen, die sie bei Professor Birnbaum gewonnen hatten. Dass dieser überzeugt davon war, dass beide Todesfälle Folge von Tötungsdelikten waren.

Die Kollegen hatten kaum Neuigkeiten zu berichten. Noch hatte niemand mit den Angehörigen von Katharina Kock gesprochen, Kregel hatte allerdings für heute Nachmittag Besuche bei ihrem Lebensgefährten und ihrem Bruder angekündigt. Immerhin erfuhr Andresen, dass die Eltern von Katharina Kock vor einigen Jahren bei einem Verkehrsunfall ums Leben gekommen waren.

Sie kamen schnell zum Ende und verteilten die Aufgaben für die nächsten Tage. Neben den Gesprächen mit den Angehörigen sollte vor allem die Frage nach dem Tatort geklärt werden. Kregel würde sich in Katharina Kocks Wohnung umsehen. Julia bekam die Aufgabe, mit der Wasserschutzpolizei zu sprechen und Details über den Flussverlauf und die Strömungsverhältnisse in Erfahrung zu bringen. Auf diese Weise wollten sie den möglichen Tatort entlang des Kanals eingrenzen. Außerdem würden noch einmal Suchtrupps eingesetzt werden, die die Uferböschungen durchkämmen sollten.

Ida-Marie wollte versuchen, mit Hilfe der vorliegenden Informationen ein Täterprofil zu erstellen. Allen war bewusst, dass es dazu im Grunde noch zu früh war. Vor allem Andresen war jedoch der Meinung, dass es nicht schaden konnte, sich frühzeitig Gedanken darüber zu machen. Vielleicht war es sogar sinnvoll, den Kriminalpsychologen Dr. Sörensen vom Landeskriminalamt hinzuzuziehen. Sie hatten mit dem Kieler Kollegen in der Vergangenheit gute Erfahrungen gemacht.

»Wir fahren heute Nachmittag gemeinsam zu Katharina Kocks

Bruder«, sagte Andresen gegen Ende der Besprechung leise in Richtung Ida-Marie. »Und vorher machen wir noch einen kleinen Abstecher zu Brigitte Jochimsens Familie.«
»Du willst mich wohl überall dabeihaben, was?«
»Wenn du möchtest, kann ich auch Julia fragen.«
»Willst du von der etwa auch was?«
»Sehr witzig«, sagte Andresen beleidigt. Bisweilen hatte er noch immer Probleme mit ihrer frechen Art. »Halt dich bereit für später.«
»Aye —«
»Ja, ich weiß«, unterbrach er sie. »Bis gleich.«

Die Besprechung hatte nicht unbedingt zu einer Verbesserung seines körperlichen Zustands beigetragen. Die Kopfschmerzen waren zwar vorübergehend verflogen gewesen, mittlerweile jedoch zurückgekehrt. Schlimmer als zuvor. Jedes Bier und jeder Schnaps wurde einzeln gerächt.

Er versuchte, dem Kater fürs Erste mit einem doppelten Espresso aus dem Automaten entgegenzutreten. Anschließend setzte er sich wieder an seinen Schreibtisch und nahm sich noch einmal die Akten über die beiden Opfer vor.

Sie hatten sich für halb drei bei Brigitte Jochimsens Sohn Bernd angekündigt. Er wohnte mit seiner Familie in Negernbötel, einem kleinen Dorf in der Nähe von Bad Segeberg. Ein wenig Zeit blieb also noch, um eine Kleinigkeit in der Stadt essen zu gehen. Andresen wählte Ida-Maries Nummer, doch sie nahm nicht ab. Er probierte es auf ihrem Handy. Wieder ohne Erfolg. Die Mailbox sprang an.

»Hallo, wo steckst du denn? Ich wollte in der Mittagspause in die Stadt. Wenn du Lust hast, findest du mich ab halb eins in der Beckergrube in diesem Nudelladen.« Er legte auf und hielt einen Moment inne. Hatte er gerade etwa enttäuscht geklungen? War es tatsächlich schon so weit mit ihm? Irritiert über sein Verhalten verließ er das Büro. Auf dem Gang lief ihm Kregel über den Weg.

»Ich hab Sibius eben getroffen. Der wollte unbedingt mit dir sprechen.«

»Wenn du ihn siehst, kannst du ihm sagen, dass ich heute den ganzen Nachmittag unterwegs bin. Wenn er mir wieder ins Gewissen reden will, kann er sich das sparen.« Andresen wandte sich um und ging weiter. Er hatte genug von Sibius' Moralpredigten. Wenn jemand kein Recht dazu hatte, dann er.

Andresen parkte seinen Wagen am Straßenrand der Beckergrube und betrat das Nudelkontor. Er setzte sich an einen Tisch im vorderen Teil des Restaurants und blickte in die Runde. Vorn am Fenster saß eine größere Gruppe junger Männer, die der Kleidung nach zu urteilen Banker waren.

Er bestellte sich ein Wasser und blätterte in der Karte. Es war fünf nach halb eins. Zwei junge Mädchen betraten das Restaurant und setzten sich an die Bar. Die Bedienung brachte sein Wasser und fragte nach weiteren Wünschen.

»Im Augenblick nichts, danke«, antwortete Andresen. Langsam verfestigte sich bei ihm das Gefühl, dass Ida-Marie nicht kommen würde. Vielleicht war ihr etwas dazwischengekommen. Oder sie hatte seine Nachricht gar nicht abgehört.

Andresen entschied sich schließlich für Penne all'Arrabbiata, schlang die Nudeln hastig in sich hinein und bezahlte. Beim Verlassen des Restaurants warf er einen flüchtigen Blick auf sein Handy. Das Display zeigte einen unbeantworteten Anruf und eine Nachricht auf der Mailbox an. Ihm fiel wieder ein, dass er das Handy heute Morgen auf lautlos gestellt hatte. Rasch hörte er die Mailbox ab.

»Hallo, Birger. Danke für deinen Anruf, wäre gerne mitgekommen. Ich muss aber leider gleich los und bin ziemlich in Eile. Ein privater Termin. Leider kann ich auch zu unseren Gesprächen heute Nachmittag nicht mitkommen. Ich hoffe, du schaffst das auch ohne mich. Ich melde mich später bei dir. Mach's gut.«

Andresen stand auf dem Bürgersteig und starrte auf sein Handy. Er schüttelte den Kopf und ermahnte sich selbst, nicht länger an Ida-Marie zu denken. Dass sie ihn jedoch bei den Verhören am Nachmittag hängen ließ, wurmte ihn. Welchen privaten Grund gab es denn bitte, dass die Ermittlungen darunter leiden mussten?

Gegen Viertel nach zwei erreichte er den Ortseingang von Negernbötel. An einer Dorfbäckerei hielt er an, um einen Espresso zu trinken.

»So etwas haben wir hier nicht!«, lautete die knappe Antwort der Verkäuferin.

Er entschied sich für einen normalen Kaffee und stellte sich an einen Stehtisch. Zwei ältere Männer, die an einem anderen Tisch standen, fachsimpelten über Fußball. Als Andresen gerade gehen wollte, hörte er, wie der dünnere der beiden sagte: »Hast du gehört, in Lübeck gab es eine weitere Wasserleiche. Soll Mord gewesen sein.«

Andresen hielt inne und lauschte.

»Dann hat ihr Sohn wohl doch nichts mit der Sache zu tun«, antwortete der andere. »Ich hätt's ihm zugetraut, damit er noch schneller an ihr Geld kommt.«

»Du siehst zu viele schlechte Krimis, Klaus«, antwortete der Dünne. »Ich kenn den Jochimsen. Der dreht jeden Euro dreimal um, aber er würde nicht seine Mutter umbringen.«

Andresen überlegte einen Moment lang, sich in das Gespräch einzumischen, verzichtete dann jedoch darauf. Das, was die beiden Alten erzählten, war der typische Dorftratsch. Nichts, was er für bare Münze nehmen sollte. Wenngleich er sich merkte, dass der Grundtenor, mit dem sie über Bernd Jochimsen gesprochen hatten, negativ war. Er bezahlte schließlich und verließ die Bäckerei.

Das Haus von Bernd Jochimsen lag an einer Parallelstraße der sich durch das gesamte Dorf ziehenden Hauptstraße. Es war ein einfaches Einfamilienhaus, vermutlich aus den achtziger Jahren. Neben der Klingel hing ein aus Ton gebranntes Namensschild: »Hier wohnen Bernd, Ulrike, Jonas und Lisa«.

Andresen betätigte die Klingel. Die Tür wurde von einer Frau Ende dreißig geöffnet.

»Guten Tag, Sie müssen Kommissar Kregel sein.« Sie hielt ihm die Hand hin. »Ich bin Ulrike Jochimsen.«

»Mein Name ist Andresen. Kommissar Kregel und ich bearbeiten diesen Fall gemeinsam.«

»Gut, dann kommen Sie bitte herein. Mein Mann erwartet Sie bereits.«

Sie gingen durch ins Wohnzimmer, das im hinteren Teil des Hauses lag. Bernd Jochimsen saß in einem Ledersessel und las in einem Buch. Als er aufblickte, sah er Andresen irritiert an. Er hatte offenbar jemand anders erwartet.

»Das ist Kommissar Andresen«, sagte Ulrike Jochimsen.

»Aha, ich lerne also das gesamte Lübecker Kommissariat kennen«, entgegnete Bernd Jochimsen, erhob sich aus dem Sessel und reichte Andresen die Hand. Sein überlegenes Lächeln und der herablassende Tonfall machten ihn Andresen sofort unsympathisch. »Nach dem Tod meiner Mutter habe ich bereits mit den Herren Kregel und Lorenz das Vergnügen gehabt. Umso erstaunter war ich, als ein Kollege von Ihnen anrief und um ein weiteres Gespräch bat. Was gibt es denn noch? Haben Sie etwas Neues zu berichten?«

Andresen führte sich vor Augen, dass die Familie von Brigitte Jochimsen davon ausging, dass es sich bei dem Todesfall um ein tragisches Unglück handelte. Offenbar hatten die Jochimsens noch keine Tageszeitung gelesen, sodass sie die Neuigkeiten wenigstens nicht auf diesem Weg hatten erfahren müssen. Dafür hatte Andresen jetzt die undankbare Aufgabe, es ihnen schonend beizubringen.

»Am besten nehmen Sie erst einmal wieder Platz«, begann er. »Sie haben vielleicht mitbekommen, dass gestern erneut eine Leiche in der Kanaltrave gefunden wurde. Fast an identischer Stelle wie Ihre Mutter. Aufgrund der Ähnlichkeit der beiden Fälle haben wir unmittelbar die Untersuchungen in Gang gesetzt.«

»Worauf wollen Sie hinaus?«, fragte Bernd Jochimsen.

Obwohl Jochimsen höchstens vierzig war, hatte Andresen das Gefühl, sein Gegenüber wäre zwanzig Jahre älter als er selbst. Jochimsen fuhr sich mit der Hand durch seine zum Seitenscheitel gekämmten Haare. Dann zog er ein Stofftuch aus dem konservativen schwarzen Jackett, das er über einem hellblauen Hemd trug, und schnäuzte sich. Andresen hatte gelesen, dass Jochimsen Banker bei der Sparkasse Bad Segeberg war. Zwar schien er heute Urlaub genommen zu haben, auf seine Arbeitskleidung hatte er offenbar aber nicht verzichten wollen.

»Wir können mittlerweile mit relativ großer Wahrscheinlichkeit sagen, dass Ihre Mutter nicht durch eigenes Verschulden zu Tode gekommen ist«, antwortete Andresen.

Das Ehepaar Jochimsen blickte ihn mit großen Augen an.

»Was soll das bedeuten?«, fragte Ulrike Jochimsen fassungslos.

»Na, was soll das schon bedeuten«, fuhr Bernd Jochimsen sie an. »Offenbar hat jemand Mutter umgebracht.«

»Langsam, Herr Jochimsen. Ob es Mord war, wissen wir noch nicht. Ich würde Ihnen aber gerne noch ein paar Fragen stellen.«

»Sie kommen hierher, teilen uns lapidar mit, dass meine Mutter Opfer eines Verbrechens geworden ist, und wollen jetzt auch noch, dass wir Ihnen irgendwelche Fragen beantworten?« Bernd Jochimsen schnaubte energisch. Seine ohnehin schon geröteten Wangen färbten sich lila.

»Die Entwicklungen kommen auch für uns überraschend«, sagte Andresen. »Falls es sich bestätigt und Ihre Mutter tatsächlich Opfer eines Gewaltverbrechens geworden ist, werden wir alles Erdenkliche tun, um die Hintergründe aufzuklären.«

»Ich kann das nicht glauben, die arme Brigitte«, wimmerte Ulrike Jochimsen. »Wer macht denn so etwas?«

»Sehen Sie, was Sie angerichtet haben«, sagte Jochimsen laut. »Meine Frau wirft so etwas völlig aus dem Gleichgewicht. Die letzten Tage waren schwer genug.«

Andresen stöhnte innerlich auf. In solchen Momenten verfluchte er seinen Job.

»Schatz, geh ins Bad und wisch dir die Tränen aus dem Gesicht«, sagte Jochimsen sanfter. »Ich werde die Fragen des Kommissars beantworten, damit wir schnell wieder unsere Ruhe haben.«

Ulrike Jochimsen verließ das Wohnzimmer. Andresen wandte Jochimsen den Rücken zu und stellte sich vor das große Panoramafenster mit Blick auf den akkurat angelegten Garten.

»Erzählen Sie mir von Ihrer Mutter«, sagte er. »Was für ein Mensch war sie?«

Obwohl Jochimsen anzuhören war, dass er von Andresens Frage genervt war, sprang er über seinen Schatten und gab einige Details aus dem Leben seiner Mutter preis.

Brigitte Jochimsen war mehr als dreißig Jahre lang Lehrerin an der Blücher-Grundschule in Lübeck gewesen. Laut ihrem Sohn war der Job ihre berufliche Erfüllung gewesen. Sie hatte es geliebt, mit Kindern zu arbeiten und sie zu anständigen Menschen zu erziehen. Bei dem Wort »anständig« verzog Andresen kurz das Gesicht. Es klang für ihn nach einer strengen, autoritären Erziehung.

Zuletzt war Brigitte Jochimsen alleinstehend gewesen, nachdem ihr Mann Günther vor knapp zehn Jahren an Kehlkopfkrebs gestorben war. Sie hatte damals das gemeinsame Haus verkauft und war in eine Dreizimmerwohnung im Lübecker Stadtteil St. Gertrud gezogen. Stefanie, Bernds ältere Schwester, lebte seit einigen Jahren in der Schweiz und hatte kaum mehr Kontakt zu ihrer Mutter gehabt. Offenbar hatte es Streit um das Erbe von Günther Jochimsen gegeben. Andresen musste an die Worte der beiden Alten aus der Bäckerei denken. Einer der beiden hatte das Erbe von Günther und Brigitte Jochimsen als mögliches Motiv ins Spiel gebracht.

»Mehr kann ich Ihnen nicht sagen«, kam Jochimsen zum Ende. »Sie war ein guter Mensch, der nicht viel Aufhebens um sich gemacht hat.«

»Hatten Sie ein enges Verhältnis zu Ihrer Mutter?«, fragte Andresen.

»Ist das wichtig? Was hat das mit Ihren Ermittlungen zu tun?«

»Beantworten Sie bitte meine Frage«, beharrte Andresen.

»Unser Verhältnis war in Ordnung. Nicht mehr, aber auch nicht weniger. Nach dem Tod meines Vaters gab es einige Dinge, die ich nicht akzeptiert habe. Das tut aber an dieser Stelle nichts zur Sache.«

»Das Erbe?«, fragte Andresen.

Jochimsen nickte.

Andresen bemerkte, dass es Jochimsen schwerfiel, über die Beziehung zu seiner Mutter zu sprechen.

»Hatte Ihre Mutter außerhalb der Schule noch andere Interessen? Sport, Kultur, regelmäßige Klönschnack-Treffen mit guten Freundinnen? War sie vielleicht in Vereinen aktiv, oder hatte sie ein Ehrenamt übernommen?«

Jochimsen dachte angestrengt nach. Seine anfängliche Abwehrhaltung hatte er mittlerweile aufgegeben.

»Sie ist regelmäßig geschwommen, aber nicht in einem Verein, sondern im Meer und in der Wakenitz.« Er hielt kurz inne, dann sagte er zögerlich: »Und sie war in den letzten Jahren im Kinderschutz aktiv.«

Andresen fragte Jochimsen nach weiteren Details aus dem Leben seiner Mutter, doch er hatte das Gefühl, keine wichtigen Informationen mehr aus ihm herausholen zu können.

»Vielen Dank, dass Sie sich die Zeit genommen haben«, sagte er schließlich. »Vorerst habe ich keine weiteren Fragen.« Er reichte Jochimsen zum Abschied die Hand.

Im Flur drehte er sich noch einmal um. »Eine Frage hätte ich doch noch. Wissen Sie, ob Ihre Mutter in letzter Zeit Probleme in ihrem privaten Umfeld gehabt hat?«

Jochimsen sah ihn irritiert an, als hätte er die Frage nicht verstanden.

»Gab es vielleicht Personen, die einen Grund gehabt haben könnten, ihr etwas Böses zu wollen?«, präzisierte Andresen.

»Soviel ich weiß, nein«, antwortete Jochimsen zögerlich. »Warum denn auch? Sie hatte doch nichts verbrochen, oder?«

Andresen schüttelte den Kopf und verabschiedete sich endgültig.

Als er im Auto saß, dachte er über das Gespräch und das Verhalten der Jochimsens nach. Zwischen den Zeilen hatte Bernd Jochimsen immer wieder einiges über sich und seine Mutter durchsickern lassen. Es war kein gutes Verhältnis zwischen Mutter und Sohn gewesen, da war er sich sicher. Nach dem Tod des Vaters hatten sich die beiden offenbar wegen des Erbes zerstritten und nie wieder zueinandergefunden. Vielleicht hatte Bernd seiner Mutter übel genommen, dass sie das elterliche Haus verkauft hatte. Zwischen Tochter und Mutter war der Kontakt in der Zwischenzeit sogar fast vollständig abgebrochen.

Auf dem Weg zurück nach Lübeck telefonierte Andresen kurz mit Kregel, um sich auf den neuesten Stand bringen zu lassen. Kregel berichtete, dass Julia von ihrem Gespräch mit der Wasserschutzpolizei noch nicht wieder zurück sei. Er selbst hatte bereits mit einer Cousine von Katharina Kock gesprochen, glaubte jedoch nicht, dass sie ihnen weiterhelfen konnte.

»Dann haben wir wohl die wichtigsten Gespräche noch vor

uns«, stellte Andresen fest. »Hoffentlich wissen wir danach ein bisschen mehr.«

Er ärgerte sich, nicht mit Kregel unterwegs zu sein. Dessen bevorstehender Besuch bei dem Lebensgefährten von Katharina Kock war für die Ermittlungen wahrscheinlich von größerer Bedeutung als sein eigenes Gespräch mit ihrem Bruder.

Eine halbe Stunde später wusste er, dass er mit seiner Vermutung richtiggelegen hatte. Das Gespräch mit Sven Kock war tatsächlich wenig aufschlussreich gewesen. Kock war ein wortkarger Mann, der kaum in der Lage gewesen war, Trauer über den Tod seiner Schwester zu zeigen. Zudem stellte sich heraus, dass er lediglich der Halbbruder von Katharina war und nur wenig Kontakt zu ihr gehabt hatte. Unbefriedigt hatte sich Andresen von Kock verabschiedet und angekündigt, dass man ihm in den nächsten Tagen möglicherweise einen weiteren Besuch abstatten werde.

Im Präsidium war kaum noch etwas los, als Andresen zurückkehrte. Er setzte sich an seinen Schreibtisch und machte sich Notizen zu den Gesprächen, die er geführt hatte. Dann versuchte er, eine Art Stammbaum der Familien Kock und Jochimsen anzufertigen.

Gegen halb sieben packte er seine Sachen zusammen und machte Feierabend. Kregel war nicht mehr aufgetaucht. Er musste bis morgen auf neue Erkenntnisse warten.

Andresen beschloss, zu Fuß zu gehen und seinen Wagen in der Tiefgarage stehen zu lassen. Ein Spaziergang würde ihm helfen, wieder einen klaren Gedanken zu fassen.

Zu Hause angekommen, schob er sich eine Fertiglasagne in den Backofen und setzte sich vor den Fernseher. Ziellos zappte er von einem Programm zum anderen. Nachdem er gegessen hatte, ging er ins Badezimmer, sortierte seine dreckige Wäsche und steckte sie in die Waschmaschine. Dabei war er in Gedanken bei den Ermittlungen. Was hatten die beiden toten Frauen miteinander zu tun gehabt? Oder waren sie der Willkür eines kaltblütigen Mörders zum Opfer gefallen?

Und dann gab es noch zwei weitere Dinge, die ihn beschäftigten. Zu gern wollte er Ida-Marie anrufen und fragen, was heute

Nachmittag los gewesen war, aber er traute sich nicht. Er wollte nicht den Eindruck erwecken, dass er es darauf anlegte, sie zu treffen. Es war offensichtlich gewesen, dass sie glaubte, er wolle mehr von ihr als freundschaftlichen Kontakt. Das musste endlich ein Ende haben. Er liebte Wiebke, und Ida-Marie war nichts anderes als seine Kollegin.

Wiebke. Er griff zum Telefon und wählte ihre Nummer, um im nächsten Augenblick wieder aufzulegen. Er sehnte sich nach ihr und war gleichzeitig seltsam ängstlich, wenn er an die Zukunft dachte. Ihre gemeinsame Zukunft in einem verlassenen, umgebauten Bauernhaus direkt am Meer. War es die Angst davor, der Stadt den Rücken zu kehren und aufs Land zu ziehen? Die Angst davor, noch einmal mit einer Frau ein gemeinsames Zuhause aufzubauen und sich eines Tages wieder davon trennen zu müssen? Die Trennung von Rita hatte tiefe Spuren hinterlassen.

Vielleicht war es aber auch etwas ganz anderes. Denn seitdem Ida-Marie im vergangenen Jahr zur Kripo Lübeck gestoßen war, hatte sich seine Beziehung zu Wiebke verändert. Wiebke war zunehmend eifersüchtig geworden, und er fragte sich allmählich, ob ihre Besorgnis womöglich berechtigt war.

Um halb zehn schlief er schließlich vor dem Fernseher ein. Eine knappe Stunde später wachte er mit verspanntem Rücken wieder auf. Er hatte von Wiebke geträumt. Und von Ida-Marie. Obwohl er keine Details mehr abrufen konnte, fühlte er sich unwohl.

8

Als es endlich dunkel war, suchte er Schutz im Schatten der Bäume. Sie gaben ihm ein Gefühl von Sicherheit. Die Bäume hielten den Regen, der im Tagesverlauf immer stärker geworden war, weitestgehend ab. Er stellte sich mit dem Rücken dicht an einen breiten Stamm. Seine Hände tasteten behutsam über die Rinde.

Von hier aus hatte er alles im Blick. Die letzten Stunden war er ziellos herumgeirrt. Am Morgen hatte er leichte Panik verspürt, als er aufgewacht war. Das Ganze ging nicht spurlos an ihm vorbei. Die Polizei hatte hektische Betriebsamkeit an den Tag gelegt. Er hatte sie die ganze Zeit über beobachtet. Wussten sie bereits etwas? Nein, das konnte unmöglich sein. Er hatte alles dafür getan, dass sie nicht dahinterkommen konnten. Noch nicht.

Immerhin wusste er jetzt, wer der Mann war, den er gestern Abend beobachtet hatte. Im ersten Moment war er irritiert gewesen, als er ihn gesehen hatte. Nachdem ihm klar geworden war, dass der Mann bei der Kriminalpolizei arbeitete, hatte er sich wieder beruhigt. Die Polizei hatte er im Griff. Wenn er ruhig blieb und nicht in Panik verfiel, würden sie ihn nicht finden.

Er war dem Mann bis zum Buthmanns gefolgt. Anfangs hatte er überlegt, ob er im Schutz der Katharinenkirche auf ihn warten sollte. Dann hatte er die Kneipe einfach betreten und sich an einen Tisch in sicherer Entfernung gesetzt. Er hatte darauf geachtet, dass sein Gesicht nicht zu sehen war und er trotzdem hören konnte, was der Mann erzählte.

Interessantes hatte er kaum gesagt, als sich zwei Männer neben ihn gesetzt hatten, die er offenbar flüchtig kannte. Zu dritt hatten sie immer und immer wieder angestoßen und waren zunehmend ausgelassener geworden. Zwischenzeitlich war er drauf und dran gewesen, zu bezahlen und die Kneipe zu verlassen. Aber er hatte gewartet. Schließlich besaß er Geduld, und das war eine der wichtigsten Tugenden, die er für seine Aufgabe benötigte. Auf dem Klingelschild hatte er später den Namen des Mannes gelesen. Birger

Andresen. Im Internet hatte er herausgefunden, dass er ein Bulle war. Jetzt wusste er also, mit wem er es zu tun hatte.

Er ging die Details noch einmal im Kopf durch. Er hatte alles genauestens geplant. Die Zeit zwischen den Morden würde dieses Mal kürzer ausfallen, das würde sie vielleicht verwirren. Wenn er Glück hatte, würde er die Strömung des Kanals so nutzen können, dass die Leiche wieder an dieselbe Stelle getrieben wurde. Auf diese Weise würde er einen noch größeren Effekt erzielen. Eigentlich war er nicht darauf aus gewesen, aber mittlerweile gierte er förmlich danach, was die Zeitungen schrieben und das Radio berichtete. Er war stolz darauf, wie perfekt bislang alles funktioniert hatte.

Wahrscheinlich würden sie dieses Mal einen Zusammenhang finden, aber das ließ sich nicht vermeiden. Vorerst würden sie ihm trotzdem nicht auf die Schliche kommen. Sie hatten nichts gegen ihn in der Hand. Absolut nichts.

Bevor es so weit war, würde er jedoch noch ein Zeichen setzen. Eines, das ihnen weitere Rätsel aufgeben würde. Denn er wollte nicht nur die Menschen, die für sein missratenes Leben verantwortlich waren, auslöschen, sondern alles, was damit in Zusammenhang stand. Nichts sollte ihn mehr an damals erinnern.

Er stand auf und ließ seinen Blick ein letztes Mal über den Kanal schweifen. Dann atmete er tief durch und ging zu seinem Fahrrad. Sorgfältig prüfte er die Kanister, die er unter einer Wolldecke im Anhänger versteckt hatte. Er musste vorsichtig sein.

Mit einer schnellen Bewegung schwang er sich auf den Sattel und fuhr davon. In die dunkle Nacht hinein, vorbei am Restaurant Sachers, über die Hüxtertorbrücke auf die andere Seite des Kanals. Von dort aus war es nicht mehr weit.

Er zog sein Handy aus der Hosentasche. Es war kurz vor Mitternacht. Mit Ausnahme einiger Taxen fuhren kaum noch Autos auf Lübecks Straßen. Er bog in die Blücherstraße ab und stellte das Fahrrad schließlich etwas abseits an einer dunklen Stelle ab.

Er war ganz allein. Weit und breit war niemand zu sehen. Vorsichtig hob er die Kanister mit dem Brandbeschleuniger aus dem Anhänger, klemmte sich mehrere große Stofftücher unter den Arm und näherte sich der Blücher-Schule.

Noch einmal vergewisserte er sich, dass niemand in der Nähe war, dann lief er quer über den Schulhof in Richtung Sporthalle. Eine Katze kreuzte seinen Weg und fauchte ihn an. Für einen Augenblick überkam ihn ein seltsames Angstgefühl. Angst davor, dass sie ihn schon bald erwischen würden. Er atmete tief durch und versuchte sich zu beruhigen.

Er ließ eine Weile verstreichen, ehe er das Tuch vor sich ausbreitete und die beiden Kanister aufschraubte. Langsam, beinahe andächtig, goss er die Flüssigkeit auf die Tücher. Anschließend kramte er nach dem Feuerzeug in seiner Jackentasche. Als er es endlich zu greifen bekam, hielt er für einen Augenblick inne. Dann drehte er mit dem Daumen an dem kleinen Rädchen, bis die Flamme brannte. Er hielt sie ganz dicht vor sein Gesicht. Kurzzeitig war er versucht, den Schmerz zu fühlen, wenn die Flamme seine Haut verbrannte. Er spürte bereits, wie sie seine Bartstoppeln am Kinn ansengte. Das gleißende, flackernde Licht drang selbst durch seine geschlossenen Lider. Es fühlte sich gut an.

Im nächsten Moment ließ er seinen Arm sinken, bis die Hand das getränkte Tuch berührte. Es fing sofort Feuer, sodass er es kaum noch zu greifen bekam. In letzter Sekunde packte er es und schleuderte es auf das Dach der Sporthalle. Eine unheimliche Pause entstand. Absolute Ruhe in der stillen Nacht. Er wartete auf das knisternde Geräusch, wenn die Dachpappe des Hallendachs Feuer fangen würde.

Es vergingen mehrere Minuten, in denen er glaubte, das Feuer wäre wieder erloschen. Doch dann gab es plötzlich einen explodierenden Knall, und der Nachthimmel über der Sporthalle erhellte sich.

Er lief zurück zu seinem Fahrrad, stieg schwungvoll auf und fuhr so schnell er konnte davon. In den Fensterscheiben der umliegenden Häuser spiegelten sich bereits erste Flammen, die aus dem Dach der Sporthalle schlugen.

Als er Minuten später auf die Wallstraße Richtung Bahnhof abbog, blendeten ihn die Blaulichter der heranrasenden Löschzüge und Polizeiwagen. Der Brand war schneller gemeldet worden, als er gedacht hatte. Er wusste, was das zu bedeuten hatte. Seine Aktion hatte funktioniert. Die ganze Sporthalle stand in Flammen.

9

Frank Sibius betrat als Letzter den Besprechungsraum. Er wirkte angespannt, wie so oft in letzter Zeit.

»Der Brand ist mittlerweile unter Kontrolle«, begann er ohne Umschweife. »Ich habe eben mit dem Einsatzleiter der Feuerwehr gesprochen. Die Spusi ist bereits auf dem Weg. Wir müssen wohl davon ausgehen, dass es sich um einen Anschlag gehandelt hat.«

Im Raum herrschte Stille. Andresen ahnte, was das hieß. Die Kapazitäten des Kommissariats waren ohnehin begrenzt. Neben dem Doppelmord jetzt auch noch einen Brandanschlag auf eine Schule aufzuklären, bedeutete Sonderschichten und schlaflose Nächte.

»Es wurden zwei Kanister gefunden, die allem Anschein nach mit Benzin gefüllt waren. Der Brand hat seinen Ursprung wahrscheinlich auf dem Dach der Sporthalle.«

»Gibt es irgendeinen Hinweis darauf, dass das Feuer etwas mit dem Mord an Brigitte Jochimsen zu tun hat?« Ida-Marie blickte in die erstaunten Gesichter ihrer Kollegen. »Immerhin geht es um die Schule, an der sie jahrzehntelang unterrichtet hat.«

»Nein, es deutet nichts darauf hin«, antwortete Sibius. »Ein solcher Zusammenhang scheint mir auch eher abwegig zu sein. Ein Frauenmörder und ein Feuerteufel, das passt nicht unbedingt zusammen. Aber natürlich müssen wir es in Betracht ziehen.«

»Wenn er die Benzinkanister zurückgelassen hat, werden wir auch DNA von ihm finden«, sagte Andresen. »Dann wissen wir Bescheid, ob es derselbe Täter ist.«

»Richtig«, sagte Sibius. »Ich muss jetzt wieder los. Birger, übernimm du bitte.«

Andresen nickte und setzte sich ans Kopfende des großen Besprechungstischs. Er bat Kregel, seine neuesten Erkenntnisse vorzustellen, nachdem dieser ihn bereits auf dem Flur informiert hatte, dass sein Gespräch mit Oliver Rehm, dem Freund von Katharina Kock, einen schwierigen Verlauf genommen hatte.

»Er hat erzählt, wie glücklich sie waren und dass sie im nächsten Jahr heiraten wollten.« Kregels Stimme klang schwer. Es war ihm anzumerken, dass ihn das Ganze mitgenommen hatte. »Ich habe ihm erzählt, dass wir davon ausgehen, dass seine Freundin einem Gewaltverbrechen zum Opfer gefallen ist. Daraufhin fing er an zu lachen und hörte überhaupt nicht mehr auf. Und im nächsten Moment brach er wie ein Kartenhaus in sich zusammen. Er schluchzte und wimmerte nur noch. Ich habe umgehend einen Krankenwagen und den sozialpsychiatrischen Dienst gerufen. Rehm wurde ins Uniklinikum gebracht. Er war völlig neben der Spur.«

»Hast du dich in der Wohnung umgesehen?«

»Klar, ich habe aber nichts Interessantes gefunden.«

»Danke, Ben«, sagte Andresen. »Dann müssen wir wohl warten, bis es ihm besser geht. Möglicherweise kann er uns ja helfen.« Er blickte auf seine Unterlagen und zupfte unentschlossen an seinem rechten Ohrläppchen. »Machen wir weiter. Julia, was hast du bei den Kollegen der WSP erreicht?«

Julia berichtete, dass sie die Strömungsverhältnisse der Kanaltrave in ihrer ersten Vermutung richtig eingeschätzt hatten. Das Wasser des Kanals floss in nordöstlicher Richtung in die Trave, wenn auch nicht mit hoher Fließgeschwindigkeit. Der Leiter der Wasserschutzpolizei ging davon aus, dass die leblosen Körper der beiden Frauen, vorausgesetzt sie waren nicht länger als zehn Stunden im Wasser geschwommen, bis zu einem Kilometer vom Tatort weggetrieben sein konnten.

Andresen stand auf und stellte sich vor die große Lübeck-Karte, die an der Kopfseite des Besprechungsraumes hing. Er fuhr mit den Fingern darüber und markierte einen Bereich entlang der Kanaltrave mit bunten Plastikfähnchen.

»Hier irgendwo müsste es demnach passiert sein«, sagte er. »Zwischen Hüxtertorbrücke und Mühlentorbrücke. Die Spurensicherung soll sich diesen Abschnitt noch mal vornehmen.«

»Wir sollten auch unsere Spürhunde einsetzen«, schlug Ida-Marie vor.

»Du hast recht«, sagte Andresen. »Wir müssen irgendwie weitermachen. Und der Tatort kann wichtig sein.«

»Das ist das eine«, sagte Kregel. »Aber wir sollten uns auch noch stärker auf den Verwandten- und Bekanntenkreis der beiden Frauen konzentrieren.«

»Und die Arbeitskollegen«, ergänzte Ida-Marie.

»Bislang waren unsere Gespräche leider nicht sonderlich erfolgreich«, resümierte Andresen. »Aber wir setzen sie natürlich fort. Wie kommst du eigentlich mit dem Täterprofil voran?«

Ihrer Miene nach zu urteilen, hatte Ida-Marie gehofft, dass er sie nicht darauf ansprechen würde. »Bei den spärlichen Informationen, die uns vorliegen, kann ich leider noch nichts Konkretes sagen. Ich habe allerdings Kontakt zu dem Kriminalpsychologen vom LKA aufgenommen.«

»Gut, vielleicht kann er uns weiterhelfen. Hat sonst noch jemand etwas zu berichten?«

Niemand meldete sich.

»Dann schlage ich vor, dass wir uns wieder an die Arbeit machen.«

In Windeseile löste sich die Runde auf. Andresen blieb allein zurück und sah gedankenverloren aus dem Fenster. Er war unzufrieden mit den Ermittlungen. Es tat sich zu wenig. Ihre Besprechung hatte kaum neue Erkenntnisse gebracht. Zwar konnten sie mittlerweile den Tatort grob einkreisen, und er wusste, dass Katharina Kocks Freund einen Nervenzusammenbruch erlitten hatte, aber das war auch schon alles an Neuigkeiten.

Zurück an seinem Arbeitsplatz brachte Kregel ihm eine Liste mit Personen, mit denen sie kurzfristig sprechen mussten. Er hatte die Namen anhand eines Adressbuches, das er in Katharina Kocks Wohnung gefunden hatten, zusammengestellt.

»Wir sollten morgen noch einmal in ihre Wohnung. Vielleicht finden wir noch andere Dinge, die uns weiterhelfen«, sagte Kregel.

»Da fällt mir ein, habt ihr eigentlich auch die Wohnung von Brigitte Jochimsen durchsucht?«

»Haben wir«, antwortete Kregel. »Mehrfach sogar, weil wir anfangs auch Selbstmord nicht ausgeschlossen haben. Einen Abschiedsbrief haben wir bekanntermaßen nicht gefunden.«

Andresen nickte, während Kregel wieder verschwand. Er nahm sich vor, am Nachmittag weitere Gespräche zu führen. Vorher wollte er sich noch ein wenig am Kanal umsehen. Den möglichen Tatort und die Umgebung betrachten, um den Blickwinkel des Täters einnehmen zu können.

Es klopfte. Sibius stand in der Tür.

»Hallo, Birger. Ich wollte nur kurz fragen, wie es gelaufen ist.«

»Wir tun unser Bestes.«

»Das weiß ich. Darum will ich auch gar nicht lange stören.«

»Frank, warte mal einen Augenblick. Wegen gestern …«

»Ist schon okay, Birger«, blockte Sibius ab. »Du kannst tun, was du willst. Es geht mich wirklich nichts an. Vergessen wir die Sache einfach.«

»Ich will trotzdem wissen, wer hier diese Märchen über mich verbreitet. Vielleicht unser Maulwurf, der immer sofort die Medien informiert?«

»Da muss ich dich enttäuschen. Der Presse und dem Radio habe ich Bescheid gegeben. Wir müssen sie in dieser Angelegenheit einbeziehen. Das kann uns helfen.«

»Du weichst meiner eigentlichen Frage aus.«

Sibius schüttelte fast unmerklich den Kopf. »Du solltest deine Kräfte nicht damit verschwenden, dir unnötige Gedanken zu machen. Niemand will dir etwas Böses.« Damit drehte er sich um und ging. Andresen war versucht aufzuspringen und seinem Chef hinterherzurennen. Dessen Worte hatten ihn noch wütender gemacht. Derjenige, der Sibius gesteckt hatte, dass er sich privat mit Ida-Marie traf, wollte ihm bestimmt nichts Gutes, so viel stand fest. Er hatte keine Feinde in der Mordkommission, verstand sich gut mit den Kollegen. Dennoch gab es offenbar jemanden, der ihm schaden wollte.

Andresen beruhigte sich wieder und schob die Gedanken an den Maulwurf und Ida-Marie beiseite. Er blieb noch ein paar Minuten sitzen und blätterte unmotiviert einige Papiere durch, ehe er schließlich aufstand, sich seine Jacke schnappte und das Büro verließ.

Er stand auf der Mühlentorbrücke und blickte hinunter in das dunkle Wasser der Kanaltrave. Es hatte angefangen zu nieseln, und die Sicht betrug keine hundert Meter mehr.

Andresen versuchte sich vorzustellen, wie der Mörder in der dunklen Nacht seinen Opfern aufgelauert und sie im Wasser ertränkt hatte. Ohne zu wissen, warum, glaubte er, dass der Mörder die Taten auf der der Altstadt zugewandten Uferseite begangen hatte. Er beschloss, am Ufer entlangzugehen, in der vagen Hoffnung, irgendetwas zu finden, das ihm weiterhalf.

Tagsüber war hier verhältnismäßig viel los, sinnierte Andresen, während er den Weg entlang des Kanals ging. Schulkinder, Frauen mit Kinderwägen, Rentner, Jogger, Fahrradfahrer und auch Geschäftsleute, die in ihrer Mittagspause auf dem Weg in die Innenstadt waren. Nachts dagegen konnte es hier ganz schön unheimlich sein. Keine passende Umgebung für Frauen, die allein unterwegs waren.

Wonach sollte er bloß suchen?, dachte er. Was hatte er sich vorgestellt? Dass der Mörder einen Hinweiszettel am Tatort liegen gelassen hatte? Sie würden hier nichts finden. Fußabdrücke hatte längst der hartnäckige Aprilregen verwischt, der seit Tagen das Wetter in Schleswig-Holstein bestimmte. Und Blutspuren gab es wohl keine. Was sollte er also noch länger hier?

Obwohl der Regen stärker wurde, ging Andresen weiter in Richtung Hüxtertor. Er blickte hinüber auf die andere Uferseite. Dort lag der Ruderclub. Das einzige Gebäude weit und breit. Vielleicht hatte jemand von den Ruderern etwas gesehen? Er verwarf den Gedanken. Nachts war sicherlich niemand von ihnen hier anzutreffen. Trotzdem mussten sie zumindest mit ihnen sprechen.

Er ging weiter am Fluss entlang bis zum Café Restaurant Sachers. Der Regen war mittlerweile so stark, dass er durch seine Jacke drang. In der Ferne hörte er ein heftiges Grollen.

Kurzerhand beschloss er, eine Kleinigkeit im Sachers zu essen. Er suchte sich einen Fensterplatz in dem wintergartenähnlichen Vorbau. Von hier aus hatte er einen guten Blick auf den Kanal. Auch das gegenüberliegende Ufer war ohne Probleme einsehbar.

Wie lange hatte das Sachers eigentlich unter der Woche geöffnet? Ihm fiel ein, dass sich im gleichen Gebäude zur Straßenseite hin das Hüx befand. Wenn die Diskothek in den Tatnächten geöffnet gewesen war, hatten sie mit einem Schlag einen ganzen Haufen potenzieller Zeugen.

Er bestellte eine Pizza und eine Apfelsaftschorle und blickte nachdenklich auf die regennasse Flusslandschaft. Im Augenwinkel registrierte er, dass zwei junge Leute das Café betraten. Er drehte sich um und sah, dass es sein Sohn Ole in Begleitung eines jungen Mädchens war. Die beiden bemerkten ihn nicht und setzten sich an einen Tisch am anderen Ende des Cafés.

Ob das Oles Freundin war? Andresen wusste nichts davon, dass sein Sohn liiert war. Aber falls es so war, hatte er wirklich ein gutes Händchen bewiesen. Das Mädchen war ausgesprochen hübsch.

Während die Bedienung seine Apfelsaftschorle brachte, wandte er seinen Blick erneut in Richtung Ole. Er sah, dass sich sein Sohn und das junge Mädchen zaghaft küssten. Anschließend lächelten sie sich verliebt an und streichelten sich gegenseitig durchs Haar. Andresen wusste nicht so recht, was er davon halten sollte. Plötzlich stand Ole auf und verschwand auf die Toilette. Andresen entschied schnell und folgte ihm. An den Pissoirs stellte er sich direkt neben seinen Sohn.

»Hallo, Ole.«

Ole war derart überrascht, dass er sich beinahe zu Andresen umgedreht hätte. »Papa, was machst du denn hier?«

»Ich war gerade zufällig in der Nähe und dachte, ich esse hier zu Mittag.«

Ole nickte und knöpfte seine Hose zu.

»Eine nette Begleitung hast du da«, sagte Andresen.

Ole war das Thema sichtlich unangenehm. Er ging zum Waschbecken und betätigte den Wasserhahn.

»Hast du heute Abend schon etwas vor?«, fragte Andresen.

Ole sah ihn verwundert an.

»Wie wäre es, wenn du zum Essen vorbeikommst? Ich koche uns was, und wir quatschen uns mal wieder so richtig aus. Wenn du möchtest, kannst du sie mitbringen.« Andresen machte eine Kopfbewegung in Richtung Tür.

»Ich weiß noch nicht so recht, ich rufe dich später an«, antwortete Ole kurz angebunden und verschwand im Café.

Als Andresen an seinen Platz zurückging, sah er, dass Ole seiner Freundin etwas erklärte und sie dabei entschuldigend ansah. Die Bedienung brachte seine Pizza. Er nutzte die Gelegenheit, um sich rasch vorzustellen und sich nach den Öffnungszeiten zu erkundigen.

»Unter der Woche haben wir bis dreiundzwanzig Uhr geöffnet, samstags und sonntags bis etwa vierundzwanzig Uhr«, antwortete die brünette Mittdreißigerin. »Im Einzelfall auch mal eine halbe Stunde länger. Zu den Öffnungszeiten des Hüx kann ich leider nichts sagen.«

»Haben Sie am vergangenen Dienstagabend gearbeitet?«, fragte Andresen.

»Ja, da haben wir um kurz nach elf geschlossen. War nicht viel los.«

»Ist Ihnen an diesem Abend irgendetwas Ungewöhnliches aufgefallen? Vielleicht auf dem Weg nach Hause?«

»Was genau meinen Sie?«

»Etwas, das nicht so war wie üblich. Vielleicht eine Person, die sich auffällig verhalten hat.«

»Nicht dass ich mich erinnern kann«, antwortete die Frau zögerlich.

Andresen bedankte sich und gab ihr seine Karte für den Fall, dass ihr noch etwas einfiel. Nachdem er gegessen und bezahlt hatte, verließ er das Sachers. Ole und seine Begleitung saßen nicht mehr auf ihren Plätzen und hatten das Café offenbar bereits verlassen.

Der Regen hatte mittlerweile nachgelassen. Dafür war Nebel aufgezogen, der wie ein Schleier über der Stadt hing. Andresen ging ein paar Meter, bis er auf der Hüxtertorbrücke stand. In der Ferne konnte er die Mühlentorbrücke, die er vorhin überquert hatte, nur noch erahnen. Er beobachtete den Nebel, der in langsamen Schwaden über den Kanal hinwegzog.

Falls die Morde bei Nebel geschehen waren, hatte wahrscheinlich niemand etwas davon mitbekommen. Eine unheimliche Vorstellung. Er wechselte die Straßenseite und betrachtete den nördlichen Verlauf des Kanals. Der Nebel war so dicht, dass er keine fünfzig Meter weit sehen konnte. Er lehnte sich über das Geländer und blickte in das dunkle Wasser. Direkt unter ihm mussten die Leichen entlanggetrieben sein. Ob das wirklich niemandem aufgefallen war? Andresen arbeitete lang genug bei der Kripo, um zu wissen, dass Menschen gewisse Beobachtungen gar nicht verarbeiteten. Ein Polizeipsychologe hatte ihm einmal gesagt, dass im Falle von nicht vorstellbaren Ereignissen im Gehirn automatisch ein Verdrängungsprozess in Gang gesetzt wurde. Eine schwimmende Leiche in der Kanaltrave durfte nicht sein, also gab es sie auch nicht.

Er ging wieder zurück auf die andere Straßenseite und weiter in Richtung der Diskothek. Die Fenster waren von innen mit schwarzen Vorhängen verdunkelt, die Tür verschlossen. Auch auf sein Klopfen an der Tür reagierte niemand.

Das Hüx gab es schon, solange er denken konnte. Zumindest die letzten fünfundzwanzig Jahre. Er selbst war vor etlichen Jahren einige Male mit seiner Exfrau dort gewesen, wenn sie einen Babysitter für Ole hatten auftreiben können. Sein Geschmack war das Hüx allerdings nie gewesen. Die laute Musik, die schwitzenden, tanzenden Körper und die verzweifelten Gestalten, die zu später Stunde noch übrig geblieben waren und niemanden für die Nacht abbekommen hatten. All das war nicht seine Welt gewesen.

Sie mussten sich dringend mit einem Mitarbeiter des Hüx unterhalten. Er würde Ida-Marie bitten, Kontakt aufzunehmen. Sie sollte außerdem versuchen, mit einem Mitglied des Ruderclubs zu sprechen. Vielleicht hatte ja doch jemand etwas beobachtet.

Andresen ging auf der gegenüberliegenden Seite des Kanals zurück bis zum Mühlentorteller und bog in die Stresemannstraße ein, wo er sein Auto geparkt hatte, startete den Motor und fuhr los.

Knapp zehn Minuten später erreichte er die Moislinger Allee und fand direkt vor dem Mehrfamilienhaus einen Parkplatz. Auf dem Klingelschild fand er ohne größere Probleme den Namen der Frau, der er einen Besuch abstatten wollte: Eva Matthis, die beste Freundin von Katharina Kock. Kregel hatte ihm empfohlen, mit ihr zu sprechen, da die beiden offenbar ein sehr enges Freundschaftsverhältnis gepflegt hatten.

Nach dem zweiten Klingeln wurde der Summer betätigt. Andresen betrat den Flur, wo es beißend nach frischer Farbe roch, und nahm die Treppe in den zweiten Stock. Eva Matthis empfing ihn in der Tür.

»Guten Tag, Frau Matthis.« Andresen stellte sich kurz vor und sprach sein Beileid aus. »Ich hoffe, ich störe Sie nicht.«

»Nein, schon okay«, antwortete Eva Matthis. »Ich hatte heute Nachmittag ohnehin nichts anderes vor.«

Sie sah mitgenommen aus. Hinter dem aschfahlen Teint erkannte Andresen jedoch eine attraktive junge Frau. Irritiert nahm er das schwarze Spitzennegligé zur Kenntnis, das unter ihrem kurzen Morgenmantel hervorblitzte.

»Oh, Entschuldigung«, sagte sie mit einem schwachen Lächeln. Offenbar hatte sie an seinem Blick gemerkt, dass der Morgenmantel nicht richtig zugebunden war. »Kommen Sie rein. Möchten Sie vielleicht etwas trinken? Ich habe eben Kaffee gekocht.«

Andresen folgte ihr und blieb im Eingangsbereich der kleinen Küche stehen. Einen Moment lang entglitten seine Gedanken, als er sie da so stehen sah.

»Alles in Ordnung, Herr Kommissar?«

»Natürlich«, antwortete Andresen hastig. »Ich nehme gerne eine Tasse Kaffee.«

Sie gingen nach nebenan ins Wohnzimmer, wo Andresen auf einem Designersessel Platz nahm. Überhaupt war die Wohnung geschmackvoll eingerichtet. Mobiliar und Deko waren sorgfältig aufeinander abgestimmt und machten nicht den Eindruck, im Discount-Möbelhaus gekauft worden zu sein. Was jedoch überhaupt nicht ins Bild passte, war das heillose Durcheinander in der gesamten Wohnung. Überall lagen Kleider, Zeitschriften, Schuhe; mehrere volle Aschenbecher und auch die ein oder andere leere Rotweinflasche standen herum.

»Entschuldigen Sie das Chaos hier. Die letzten Stunden waren nicht einfach für mich.«

»Verständlich nach dem, was mit Ihrer Freundin passiert ist.« Andresen hielt kurz inne, ehe er weitersprach. »Ich nehme an, Sie haben bereits die Zeitung gelesen und wissen, wie Katharina Kock ums Leben gekommen ist?«

Sie nickte.

»Die Kripo arbeitet mit Hochdruck daran, ihren Tod aufzuklären. Dafür ist es jedoch notwendig, so viel wie möglich über sie in Erfahrung zu bringen. Ich würde Ihnen gerne einige Fragen stellen.«

Eva Matthis starrte ihn aus leeren Augen an und schluckte schwer. »Ich werde mein Möglichstes tun, um Ihnen zu helfen«, sagte sie schließlich.

»Wie lange haben Sie Katharina Kock gekannt?«

»Knapp fünf Jahre. Wir haben uns kennengelernt, als wir beide in demselben Unternehmen beschäftigt waren.«

»Haben Sie zuletzt nicht mehr zusammen gearbeitet?«

»Nein, schon eine ganze Weile nicht mehr. Ich habe mich vor zwei Jahren mit meinem eigenen Grafikbüro selbstständig gemacht.«

»Aber Ihrer Freundschaft tat das keinen Abbruch?«

»Ganz im Gegenteil. Wir haben uns danach sogar noch besser verstanden.« Eva Matthis blickte auf den Dielenboden und war den Tränen nahe. »Entschuldigen Sie. Ich muss kurz in die Küche, den Kaffee holen.«

Andresen nutzte die Gelegenheit, um sich ein wenig im Wohnzimmer umzusehen. Beim Anblick der teuren Einrichtung bekam er den Eindruck, dass der Verdienst einer selbstständigen Grafikerin nicht der schlechteste sein konnte. Sein Blick fiel auf den Sims eines futuristisch geformten Ofens. Mehrere Fotos in schicken Holz- und Edelstahlrahmen zierten ihn. Eines der Bilder zeigte Eva Matthis offenbar mit ihren Eltern. Ein anderes sah ebenfalls wie ein Familienfoto aus. Vielleicht zusammen mit ihren Geschwistern.

Als er das letzte der Fotos betrachtete, hätte er Katharina Kock beinahe nicht erkannt. Er hatte ein Foto von ihrer Leiche gesehen und mehrere bei ihrem Bruder, die jedoch bereits vor einigen Jahren aufgenommen worden waren. Das Foto auf dem Sims zeigte sie gemeinsam mit Eva Matthis. Katharina stand nach vorn gebeugt und hatte ihre Arme eng um Eva Matthis' Oberkörper geschlungen. Eva saß auf einem Stuhl im Bildvordergrund und hielt sich an Katharinas Händen fest. Beide Frauen strahlten in die Kamera.

Andresen runzelte die Stirn und stellte das Foto zurück auf den

Kaminsims. Er hörte, dass Eva Matthis noch immer in der Küche zugange war. »Kann ich Ihnen helfen?«, rief er zu ihr hinüber.

»Danke, das schaffe ich schon allein. Bin gleich wieder bei Ihnen.«

Andresen sah sich weiter um. Diesmal blieb sein Blick an einem Schmuckkästchen hängen, das auf einer kleinen Kommode neben dem Kamin stand. Unauffällig sah Andresen in den Flur, um abzuschätzen, wie weit Eva Matthis war. Er konnte erkennen, dass sie noch an der Kaffeekanne herumhantierte. Vorsichtig öffnete er die Schatulle und nahm eine Kette mit einem Amulett heraus. Obwohl er sich mit Schmuck nicht auskannte, glaubte er, dass die Kette wertvoll war. Neugierig öffnete er den Anhänger.

»So, der Kaffee ist fertig«, rief Eva Matthis.

Hastig legte Andresen die Kette zurück in die Schatulle und wollte zu dem Designersessel eilen. Dabei stolperte er über eine leere Weinflasche, die unter lautem Getöse über den Boden rollte. Einen Augenblick später kam Eva Matthis mit einem Tablett herein und stellte es auf dem kleinen Wohnzimmertisch ab. Sie tat so, als hätte sie den Krach nicht gehört, aber Andresen hatte längst bemerkt, dass sie auf der Hut war.

»Vielen Dank«, sagte er, nachdem sie ihm eine Tasse Kaffee eingeschenkt hatte. »War Katharina eigentlich Ihre beste Freundin?«

Sie zögerte einen Moment. »Ja, ich glaube, das kann man sagen«, antwortete sie schließlich. »Wir waren wirklich beste Freundinnen.« Sie kämpfte erneut mit den Tränen.

»Haben Sie Kontakt zu Katharinas Geschwistern oder zu ihrem Freund?«, fragte Andresen.

»Um ehrlich zu sein, nein. Und ihren Freund mag ich sowieso nicht. Er ist ein Scheißkerl.«

Andresen blickte Eva Matthis an, verwundert über die plötzliche verbale Entgleisung.

»Wie geht es ihm denn?«, fragte sie. »Spielt er den Trauernden, oder lässt er die Korken knallen?«

Andresen erklärte ihr, dass Oliver Rehm in die Psychiatrie des Universitätsklinikums eingeliefert worden war. Eva Matthis quittierte es mit einem müden Lächeln.

»Warum denken Sie so schlecht über ihn?«
»Er hat Katharina nicht gut behandelt.«
»Was heißt das? War er gewalttätig?«
»Nein, das nicht. Aber er hat sie betrogen und belogen. Sie ist viel zu lange bei ihm geblieben.«
»Heißt das, sie wollte ihn verlassen?«, fragte Andresen.
»Ja, das wollte sie. Sie hatte endlich verstanden, dass er ein Idiot ist und sie etwas Besseres verdiente.« Eva Matthis' Stimme wurde wieder brüchig.
»Glauben Sie, er hat etwas mit ihrem Tod zu tun?«, fragte Andresen direkt.
»Oliver?«, sagte Eva Matthis überrascht. »Steht er etwa unter Verdacht?«
»Antworten Sie einfach auf meine Frage.«
»Ich weiß nicht«, sagte sie zögerlich. »Ich kann es mir nicht vorstellen, aber —«
»Gut, das reicht schon«, unterbrach Andresen sie. Er spürte, dass ihre Antwort rein spekulativ war. »Noch mal zurück zu Katharinas Familie. Was ist mit ihrem Bruder? Kennen Sie ihn?«
»Ich habe ihn ein einziges Mal getroffen. Tina hatte so gut wie keinen Kontakt zu ihm.«

Andresen nickte und machte sich Notizen. Er hatte vorerst keine Fragen mehr an Eva Matthis. Viel war es nicht gewesen, was er erfahren hatte, aber besonders die Bemerkungen über Oliver Rehm hatten ihn interessiert. Und dann war da noch etwas anderes gewesen.

Er trank seinen Kaffee aus und verabschiedete sich. Im Treppenhaus atmete er tief durch. Endlich hatten sie einen Anhaltspunkt.

Das Foto auf dem Kaminsims war ein erster Hinweis gewesen, der ihn hatte aufhorchen lassen. Dann die Art, wie Eva Matthis »Tina« gesagt hatte, als sie von Katharina Kock sprach. Den Ausschlag hatte jedoch die Widmung in dem Amulett gegeben. Sie war eindeutig gewesen. *In Liebe, deine Tina.* Andresen hatte keinen Zweifel mehr daran, dass Katharina Kock und Eva Matthis ein heimliches Paar gewesen waren.

Zurück im Präsidium trommelte er umgehend die Ermittlungstruppe zusammen und berichtete ausführlich von dem Besuch bei Eva Matthis und seinem Verdacht.

»Wenn das wirklich stimmen sollte, hätten wir bei der Motivfrage einen großen Schritt vorangemacht«, sagte Kregel.

Andresen nickte zurückhaltend. »Möglich, wir sollten uns aber nicht darauf versteifen«, antwortete er. »Wie passt Brigitte Jochimsens Tod dazu? Wo ist die Verbindung zu Katharina Kock?«

»Das dürfte die entscheidende Frage sein«, entgegnete Kregel. »Wir sollten die Wohnungen der beiden noch einmal auf den Kopf stellen.«

»Ich muss auf jeden Fall noch einmal mit Eva Matthis reden«, sagte Andresen nachdenklich. »Heute hätte ich nicht mehr aus ihr herausbekommen, aber sie weiß mehr, als sie mir gesagt hat. Und damit meine ich nicht nur ihre Beziehung zu Katharina Kock. Und wir müssen ins Uniklinikum und mit Rehm sprechen. Egal, wie es um ihn steht.«

Andresen und Ida-Marie beschlossen, gemeinsam ins Klinikum zu fahren. Anschließend wollten sie sich die Wohnungen von Katharina Kock und Brigitte Jochimsen vorknöpfen. Julia Winter sollte vorerst die Stellung im Präsidium halten.

Sie nahmen den Einsatzwagen der Mordkommission, einen umfunktionierten VW Passat Variant, um ins Uniklinikum zu fahren. Die Stimmung zwischen ihnen war angespannt. Nicht nur Ida-Maries gestriges Verhalten wurmte Andresen noch immer, vor allem sein Besuch bei Eva Matthis beschäftigte ihn. In seinem Kopf verfestigte sich nach und nach ein Bild. Hatte Oliver Rehm seine Freundin aus Eifersucht umgebracht? Es schien zumindest eine plausible Erklärung zu sein. Nur warum musste dann Brigitte Jochimsen sterben? Was hatte sie mit der Sache zu tun? Oder hingen die beiden Morde womöglich doch nicht zusammen?

Andresens Handy klingelte. Eine ihm unbekannte Nummer stand auf dem Display.

»Birger Andresen«, meldete er sich.

Am anderen Ende meldete sich ein Mitarbeiter des Universitätsklinikums. Andresen hörte zu, was der Mann ihm mitzuteilen hatte, und beendete das Gespräch schließlich mit versteinerter Miene.

»Rehm ist aus der Psychiatrie abgehauen«, sagte er nachdenklich zu Ida-Marie. Er wusste nicht, was er von der Sache halten sollte. War Rehm tatsächlich der, den sie suchten? »Ruf bitte sofort im Präsidium an. Wir müssen eine Fahndung herausgeben. Ich glaube kaum, dass wir ihn in seiner eigenen Wohnung finden werden.«

Andresen schaltete das Blaulicht ein und überholte die Autos vor sich. Ohne Rücksicht auf rote Ampeln und den Gegenverkehr raste er über den St.-Jürgen-Ring und bog auf die Ratzeburger Allee ab. Ida-Marie telefonierte währenddessen mit den Kollegen und forderte mehrere Streifenwagen zur Verstärkung an. Zwei Wagen wurden direkt zur Wohnung von Katharina Kock geschickt. Andresen vermutete, dass Rehm eventuell dort Unterschlupf finden wollte.

»Ich habe kein gutes Gefühl bei der Sache«, sagte er. »Mir will nicht in den Kopf, was die Jochimsen damit zu tun hat. Warum sollte Rehm sie umbringen? Das ergibt doch keinen Sinn.«

»Warum haut er aber aus dem Krankenhaus ab?«, entgegnete Ida-Marie.

»Vielleicht weil er genau das von uns erwartet hat, was wir gedacht haben. Dass wir ihn für schuldig halten. Er konnte sich denken, dass wir früher oder später mit Eva Matthis sprechen würden und hinter ihre Beziehung zu Katharina Kock kommen.«

»Möglich. Aber wenn es stimmt, dass Rehm sie schlecht behandelt hat, ist es die beste Spur, die wir zum jetzigen Zeitpunkt verfolgen können.«

»Er hat sie nicht geschlagen«, stellte Andresen klar. »Die Rede war von ›belogen und betrogen‹. Offenbar ist auch er fremdgegangen.«

»Soll vorkommen«, antwortete Ida-Marie lächelnd und blickte aus dem Seitenfenster.

»Ich möchte, dass das zwischen uns aufhört«, sagte Andresen plötzlich. »Ich liebe Wiebke.«

»Natürlich.«

Sie fuhren schweigend weiter. Der Regen war mittlerweile so

stark geworden, dass das Wasser aus den Gullydeckeln austrat und ganze Straßenabschnitte überschwemmt waren. Plötzlich blitzte es, schnell gefolgt von einem dumpfen Donnergrollen. Es war, als riefe Petrus sein gesamtes April-Repertoire ab.

Im Universitätsklinikum berichtete man ihnen, dass Rehm die Psychiatrie offenbar vor etwa einer Stunde verlassen hatte. Die zuständige Schwester hatte gegen zwei Uhr das leere Bett vorgefunden, nachdem Rehm zuvor mehr als fünfzehn Stunden geschlafen hatte.

»Wir haben ihm starke Beruhigungsmittel geben müssen. Sein Zustand war gestern äußerst bedenklich.«

»Was heißt das?«, fragte Ida-Marie.

»Er war sehr aufgebracht, beinahe wütend. Gleichzeitig wirkte er zutiefst traurig. Wir glauben, dass er sich etwas antun könnte.«

Verständlich, dachte Andresen. Es war schließlich seine Freundin, die umgebracht worden war. Zumindest nach außen hin. Und selbst wenn er ihr Mörder gewesen sein sollte, musste das noch lange nicht bedeuten, dass er nicht um sie trauerte. Solche Fälle waren nicht selten. Der betrogene Ehepartner tötete nicht die Affäre, sondern die eigene Frau. Die Reue im Nachhinein endete oftmals mit Selbstmord.

Andresen saß resigniert mit einem Becher Kaffee in den Händen auf dem Gang der Psychiatrie. Um ihn herum herrschte reges Treiben. Ärzte, Schwestern und Patienten liefen an ihm vorbei.

Ida-Marie unterhielt sich noch immer mit der zuständigen Schwester, um den genauen Ablauf von Rehms Verschwinden zu rekonstruieren. Andresen blickte auf seine Uhr und sah, dass es bereits kurz nach fünf war. Er kramte sein Handy aus der Innentasche seiner Jacke und sah, dass Ole ihm eine Nachricht auf der Mailbox hinterlassen hatte. Rasch hörte er sie ab.

»Ich komme gegen halb sieben bei dir zum Essen vorbei. Allerdings alleine, ohne Chrissy. Bis später.«

Ach du meine Güte, durchfuhr es Andresen. Die Verabredung mit Ole hatte er vollkommen vergessen.

»Und, hast du noch was erfahren?«, fragte er Ida-Marie, nachdem sie ihr Gespräch beendet hatte.

Sie schüttelte den Kopf. »Die können sich das alle nicht erklären«, antwortete sie. »Er muss wach geworden sein, realisiert haben, was los ist, und sofort abgehauen sein. So, wie sich die Situation darstellt, sogar durch den Haupteingang. Dreistigkeit siegt eben.«

»Höchst merkwürdig«, sinnierte Andresen.

Ida-Marie wollte sich bereits wieder umdrehen und weitere Gespräche führen, als Andresen sie zurückhielt. »Ich habe gleich eine Verabredung mit meinem Sohn. Er kommt zum Essen bei mir vorbei. Wir wollen über so einiges reden, du weißt ja, dass unser Verhältnis —«

»Hau schon ab, wir können hier ohnehin nicht mehr viel ausrichten«, fiel sie ihm ins Wort. »Die Fahndung ist raus, und wenn alles glattläuft, haben wir Rehm in ein paar Stunden.«

»Danke«, sagte Andresen lächelnd und unterdrückte den Reflex, ihr über die Wange zu streicheln.

10

Ole klingelte um fünf nach halb sieben und stand mit einer Flasche Rotwein vor der Tür. Andresen hatte improvisieren müssen und aus dem wenigen, das er im Haus gehabt hatte, ein Pastagericht gekocht.

Angesichts dieser Umstände und der Tatsache, dass er Probleme hatte, ein anständiges Spiegelei zu braten, schmeckte es gar nicht mal so schlecht.

Das Gespräch mit seinem Sohn kam nicht so recht in Gang. Ihr Verhältnis hatte in den letzten Jahren gelitten. Nach der Trennung von Rita war Ole von zu Hause ausgezogen und hatte sich zunehmend von ihm abgewandt. Auch den Kontakt zu seiner Mutter hatte er mittlerweile fast vollständig abgebrochen. Treffen oder Telefonate mit Andresen ergaben sich unregelmäßig und zumeist nur durch Zufall. Und dennoch hoffte er, dass sich ihre Beziehung eines Tages wieder bessern würde.

Ole hatte ihm damals schwere Vorwürfe gemacht, wie er so tatenlos habe zusehen können, dass alles zerbrach. Und warum er sich so wenig Zeit für Rita genommen habe. Wenn Andresen ehrlich zu sich war, hatte sein Sohn damit nicht unrecht gehabt. Schließlich war er damals wie gelähmt gewesen, hatte keinerlei Anstalten gemacht, sie aufzuhalten. Vergeblich hatte er Ole klarzumachen versucht, dass vor allem seine Mutter die Schuld am Scheitern ihrer Ehe trug. Sie hatte die Familie verlassen und alles kaputt gemacht.

»Wie läuft die Ausbildung?«, fragte er, als erneut eine unangenehme Gesprächspause drohte.

»Ich habe Anfang Mai meine Abschlussprüfung.«

Hätte er das wissen müssen? Ein fürsorglicher Vater wusste so etwas, ärgerte er sich. Aber war er das für Ole jemals gewesen? Na ja, immerhin saß Ole gerade an seinem Küchentisch und nicht an dem seiner Mutter.

»Und, bist du gut vorbereitet?«

Ole zuckte, ohne zu antworten, mit den Schultern.

»Soll ich den Rotwein aufmachen, oder möchtest du lieber ein Bier?« Andresen versuchte krampfhaft, ein Thema zu finden.

»Ich würde gern den Wein trinken. Der ist von Chrissy. Sie kennt sich ganz gut aus mit Wein.«

»Sie wird mir immer sympathischer«, sagte Andresen. »Seid ihr ein richtig festes Paar?«

Ole blickte ihn irritiert an. »Also, wenn du denkst, dass wir uns bald verloben, dann muss ich dich enttäuschen. Aber wir sind tatsächlich ein richtiges Paar.« Er lächelte. »Wir kennen uns erst seit drei Monaten. Aber alles ist perfekt. So etwas hatte ich noch nie.«

»Das freut mich für dich, ganz ehrlich. Vor allem nach all dem, was passiert ist.« Andresen hielt kurz inne, ehe er weiterredete. Er wollte sich endlich mit seinem Sohn aussprechen und sichergehen, die passenden Worte zu wählen. »Ich möchte versuchen, einiges von dem, was in den letzten Jahren schiefgelaufen ist, wiedergutzumachen.«

Ole sah Andresen in die Augen. Es schien, als denke er darüber nach, ob er seinem Vater glauben sollte. »Versprich bitte nichts, was du nicht halten kannst«, sagte er schließlich. »Ich bin oft genug enttäuscht worden.«

Andresen nickte. Oles Worte trafen ihn hart, aber er wusste, dass sein Sohn recht hatte.

Nach dem Essen gingen sie hoch und setzten sich ins Wohnzimmer. Andresen holte eine zweite Flasche Wein und schenkte nach. Sie unterhielten sich über Fußball und Lokalpolitik, zwischendurch erzählte Andresen von Wiebke und seinem bevorstehenden Umzug aufs Land. Ole nahm seine Pläne wortlos zur Kenntnis. Andresen spürte, dass es ihm schwerfiel zu akzeptieren, dass er das Haus in der Großen Gröpelgrube aufgegeben hatte. Obwohl er wusste, dass Ole Wiebke mochte, war er davon überzeugt, dass er sie wohl niemals als vollwertiges Mitglied der Familie betrachten würde.

»Du hast vielleicht schon von den Morden gelesen«, sagte Andresen nach einer Weile. »Alles nicht so einfach momentan. So etwas kann einen ganz schön mitnehmen.«

Ole sah ihn herausfordernd an. Plötzlich war in seinem Blick Argwohn zu erkennen. »Hast du dich mal gefragt, ob dein Beruf schuld an allem gewesen ist?«, platzte es aus ihm heraus. »Ich meine, vielleicht kam Mama einfach nicht mehr damit klar, dass du bei der Kripo bist.«

Andresen wusste, wovon Ole sprach. Die unzähligen Überstunden, die Gefahr, der er ständig ausgesetzt war, und nicht zuletzt seine Verschlossenheit, wenn er in eine schwierige Ermittlung verstrickt war, waren für seine Mitmenschen nur schwer zu ertragen. Nicht nur Rita hatte darunter gelitten, auch bei Wiebke führte sein Job zu Diskussionen.

Er stand auf und trat ans Fenster. Nachdenklich blickte er auf die Straße. Draußen war es stockdunkel. Sein Gesicht spiegelte sich in der Fensterscheibe wider. Er schreckte zurück, als er sah, wie mitgenommen er aussah. Die tiefen Falten auf der Stirn und die Augenringe ließen ihn wesentlich älter erscheinen, als er tatsächlich war.

»Ich kann mich nur wiederholen«, sagte er nach einer Weile. »Du hast mit dem, was du sagst, absolut recht. Und trotzdem, sie hätte nicht einfach so gehen dürfen. Sie ist gegangen und hat mich zurückgelassen.«

Ole schaute ihn traurig an. »Uns«, sagte er. »Sie hat uns zurückgelassen.«

Einen Moment lang überlegte Andresen, ob er seinen Sohn in die Arme nehmen sollte. Doch ihm fehlte der Mut. Zu feige, seinen eigenen Sohn in die Arme zu schließen. Innerlich brodelte er. Er war hin- und hergerissen.

»Ich muss jetzt los«, sagte Ole plötzlich. »Morgen geht es wieder früh raus.«

»Jetzt schon?«, fragte Andresen enttäuscht. »Bleib doch noch ein wenig.«

»Ich muss ins Bett«, antwortete Ole. »Mein Wecker klingelt um sechs. Außerdem habe ich Chrissy gesagt, dass ich vor zehn wieder zu Hause bin.«

»Dann will ich dich nicht aufhalten. War ein schöner Abend.« Andresen begleitete Ole runter und verabschiedete sich an der Haustür. »Danke für dein Kommen«, sagte er leise.

Ole nickte lächelnd und wandte sich ab.

»Ole, warte!«, rief Andresen hinter ihm her. Er lief zu ihm und blieb unentschlossen vor ihm stehen. Dann nahm er ihn in den Arm und drückte ihn, so fest wie er konnte, an sich. Zum ersten Mal seit Jahren waren sie sich wieder nahe.

Als Ole gegangen war, setzte sich Andresen wieder hoch ins Wohnzimmer. Er fror. Das feuchtkalte Wetter machte ihm zu schaffen. Vom Winter war noch etwas Holz übrig. Er machte Feuer im Kamin und ließ sich in seinen Lesesessel fallen.

Ole hatte sich verändert. Er war endgültig erwachsen geworden. Früher war er unbekümmerter gewesen. Hatte manchmal auch über die Stränge geschlagen. Jetzt schien er nachdenklich und verletzbar zu sein. Andresen führte sich noch einmal vor Augen, dass Ole gerade mal zwanzig war. Seine Freundin schien ein wichtiger Halt zu sein. Auch seine Ausbildung zum Tischler nahm er offenbar ernst. Andresen war froh, dass sich sein Sohn nicht hatte unterkriegen lassen.

Er goss sich ein weiteres Glas Rotwein ein und starrte in die Flammen. Es war kurz nach zehn. Er musste an Wiebke denken. Er hatte sie immer noch nicht angerufen. Kurzerhand schnappte er sich das Telefon und wählte ihre Nummer. Endlich. Schon beim zweiten Klingeln meldete sie sich.

»Hallo, Birger hier«, sagte er. »Ich hoffe, du hast noch nicht geschlafen.«

»Doch, aber kein Problem«, antwortete sie mit glücklicher Stimme. »Schön, dass du anrufst. Ich vermisse dich.«

»Ich dich auch. Ich hatte das Bedürfnis, deine Stimme zu hören.«

»Tatsächlich? Und ich dachte schon, du wolltest nichts mehr von mir wissen, weil du dich nicht gemeldet hast. Was war denn los?«

Er erklärte ihr, was in den letzten Tagen alles passiert war, und beteuerte, es mehrfach bei ihr versucht zu haben. Obwohl er seine Ausreden selbst erbärmlich fand, zeigte sie Verständnis.

»Ich kenne es ja nicht anders bei dir. Immer im Dienst.«

»Nein, es war mein Fehler. Ich hätte dir trotzdem kurz Bescheid geben können, dass alles in Ordnung ist.« Er machte eine Pause und versuchte, das Thema zu wechseln. »Wie geht es dir denn?«

»Ich freue mich darauf, bald wieder bei dir zu sein. Du weißt ja, wie das mit meiner Mutter und mir ist. Sie genießt die Zeit mit den Kindern, aber spätestens am dritten Tag streiten wir nur noch. Außerdem werde ich langsam nervös wegen unseres Umzugs. Freust du dich denn mittlerweile wenigstens ein bisschen?«

»Natürlich, das weißt du doch. Es ist eben nicht ganz einfach für mich, loszulassen. Mein Haus liegt mir nun mal am Herzen.«

»Ich bin mir sicher, dass du dich in ein paar Monaten in unserem gemeinsamen Haus genauso heimisch fühlen wirst. Wir werden es uns richtig gemütlich machen.«

»Ja, bestimmt«, antwortete Andresen. »Wie geht's denn den Kindern?«

»Sie fragen ständig nach dir. Und sie freuen sich tierisch auf den Umzug, ihre neuen Zimmer und die Schaukel im Garten.«

»Die Schaukel?«

»Ja, das hatten wir doch besprochen.«

»Klar, natürlich«, log Andresen. Er konnte sich nicht erinnern, darüber mit ihr geredet zu haben. Überhaupt hatte er Wiebke in letzter Zeit viel zu wenig zugehört. Die Umzugsplanungen und die Gestaltung des neuen Hauses hatte in erster Linie sie übernommen. »Kommst du eigentlich am Freitag zurück?«, fragte er.

»Wahrscheinlich erst Samstagmorgen. Freitag kommt noch meine Tante vorbei.«

»Schade«, sagte Andresen enttäuscht. »Es wird Zeit, dass du wieder hier bist.«

»Das hast du süß gesagt«, antwortete sie. »Ich liebe dich.«

Sie verabschiedeten sich voneinander. Andresen war froh, dass er Wiebke angerufen hatte. Er hatte ihr erklären können, warum er sich nicht gemeldet hatte, und sie hatte seine Entschuldigung angenommen. Wenn er jetzt endlich noch diese Sache mit Ida-Marie in den Griff bekam, würde er sich voll und ganz auf den Umzug und das neue Leben mit Wiebke und den Kindern in Brodten konzentrieren können.

Er schenkte sich noch ein Glas Rotwein ein, dimmte das Licht und stellte sich wieder ans Fenster. Er blickte auf die kleine Gasse vor seinem Haus. Irgendwo da draußen lief ein Mörder herum, den sie dringend fassen mussten, bevor er möglicherweise ein weiteres Mal zuschlug.

Und irgendwo da draußen gab es zwei Frauen, in deren Gegenwart er sich wohlfühlte. Mit der einen zog er in wenigen Tagen in ein umgebautes Bauernhaus am Brodtener Steilufer. Er liebte sie und die Kinder. Und auch wenn er sie nicht heiraten würde – er hatte sich schließlich fest vorgenommen, nur einmal im Leben Ja zu sagen –, war sie die Frau, mit der er alt werden wollte.

Die andere hieß Ida-Marie.

11

Der nächste Morgen begann ähnlich, wie der Abend zuvor geendet hatte. Zwei Themen schwirrten in Andresens Kopf umher: die Situation um Wiebke und Ida-Marie auf der einen Seite und die Suche nach dem Mörder auf der anderen. Auch der Rotwein war nicht ohne Konsequenzen geblieben. Vorsichtshalber nahm er eine Kopfschmerztablette.

In seinem Büro fand er auf dem Schreibtisch die Nachricht, dass Roland Ensink mehrmals angerufen hatte und um Rückruf bat. Er legte den Zettel beiseite und versuchte sich zu konzentrieren.

Gab es irgendetwas, das die beiden Frauen miteinander verband? Hingen die beiden Morde wirklich zusammen? Er musste sich dringend die Wohnungen von Katharina Kock und Brigitte Jochimsen vornehmen.

Andresen rief Kregel an und erkundigte sich danach, wie die Fahndung nach Oliver Rehm verlief. Er erfuhr, dass sie Katharina Kocks Freund bislang noch nicht gefasst hatten und sie momentan keine heiße Spur verfolgten.

»Selbst wenn er nicht der Mörder sein sollte, brauchen wir ihn«, sagte Andresen. »Gut möglich, dass er weiß, was passiert ist.«

»Wir kriegen ihn. Es dauert nicht mehr lange.«

Die Tür wurde geöffnet. Julia Winter kam herein.

»Ich muss Schluss machen«, sagte Andresen. »Wir reden später weiter.«

»Professor Birnbaum hat eben angerufen. Die Laborergebnisse sind da. Er möchte gern persönlich mit dir darüber reden.«

»Klang es wichtig?«

»Ich kenne Birnbaum ja nicht besonders gut, aber für seine Verhältnisse war er regelrecht aufgekratzt.«

»Okay, danke für die Info. Ich kümmere mich darum.«

Eine Weile saß Andresen einfach nur da und starrte auf den schwarzen Monitor auf seinem Schreibtisch. Sibius hatte recht, gestand er sich ein. Es gab zu vieles, was ihn beschäftigte. Die Situation mit Ida-Marie und Wiebke belastete ihn und somit auch die Ermittlungen. Er musste dringend für klare Verhältnisse sorgen. Seufzend stand er auf und verließ das Büro.

Professor Birnbaum schien Andresen schon erwartet zu haben, als er gegen halb elf an dessen Bürotür klopfte.

»Guten Morgen, Andresen«, begrüßte er ihn. »Gut, dass Sie so schnell kommen konnten. Ich habe einige interessante Neuigkeiten für Sie. Die Laborergebnisse sind da.« Birnbaum wedelte mit einer beigefarbenen Mappe und setzte ein triumphierendes Lächeln auf. »Um es vorwegzunehmen, die Ergebnisse bestätigen meine Annahmen zu einhundert Prozent. Beide Frauen sind durch Fremdeinwirkung verstorben. Genauer gesagt wurden beide ertränkt, nachdem sie zuvor mit Trichlormethan betäubt wurden. Exakt wie ich es gesagt habe.« Birnbaum schaute Andresen über den Rand seiner Brille erwartungsvoll an.

»Davon bin ich ausgegangen«, sagte Andresen. »Was haben Sie denn Neues zu berichten?«

»Seien Sie doch nicht so ungeduldig.« Birnbaum stand auf, trat ans Fenster und kehrte Andresen den Rücken zu. »Das Labor hat eine ganze Reihe von Untersuchungen vorgenommen. Unter anderem kennen wir jetzt die exakten Todeszeitpunkte beider Frauen.« Er nahm seine Brille ab und zupfte an seinen Augenbrauen.

»Und?«, fragte Andresen.

»Etwa einundzwanzig Uhr. Trotz Fehlertoleranz sind wir uns relativ sicher, dass beide Morde tatsächlich zur gleichen Zeit verübt wurden.«

Andresen nickte.

»Was noch wichtiger für Sie sein dürfte, ist die Tatsache, dass beide Morde von ein und derselben Person begangen wurden«, fuhr Birnbaum fort. »Aber im Prinzip habe ich Ihnen das ja schon beim letzten Mal gesagt.«

»Moment«, hakte Andresen ein. Was Birnbaum als selbstverständlich abtat, war der Beweis, dass sie mit ihrer Vermutung richtiggelegen hatten. Brigitte Jochimsen und Katharina Kock waren demselben Täter zum Opfer gefallen. »Wir haben es also tatsächlich mit einem zweifachen Mörder zu tun. Hat das Labor die DNA-

Spuren schon mit der Datenbank abgeglichen? Vielleicht ist irgendjemand dabei —«

»Andresen«, unterbrach Birnbaum ihn und lächelte ihn an. »Das gehört zu den Routinemaßnahmen. Leider in diesem Fall mit enttäuschendem Ergebnis. Die gefundenen Spuren konnten keinem genetischen Fingerabdruck aus der Datenbank zugeordnet werden.« Er zog die Augenbrauen hoch, spitzte die Lippen und schien auf eine Reaktion von Andresen zu warten. Doch der war mit seinen Gedanken längst woanders.

»In Ordnung«, sagte er schließlich und stand auf. »Vielen Dank, dass Sie sich sofort gemeldet haben.« Er gab Birnbaum die Hand und verabschiedete sich. In der Tür drehte er sich noch einmal um. »Haben Sie eigentlich auch mit dem Brand in der Blücher-Schule zu tun?«, fragte er.

»Mir wäre neu, dass bei dem Brand jemand ums Leben gekommen ist.«

»Es wurden Spuren sichergestellt. Die Kollegen aus Kiel sollten einen Abgleich durchführen.«

»Bislang ist mir nichts zu Ohren gekommen.«

»Melden Sie sich bitte, falls Sie etwas hören.«

»Glauben Sie etwa, dass die beiden Vorfälle etwas …?«

»Wir glauben gar nichts«, sagte Andresen. Mit einem kurzen Nicken verließ er das Rechtsmedizinische Institut.

Er stieg in sein Auto und drehte das Radio voll auf, blieb einige Minuten sitzen und starrte durch die Windschutzscheibe auf das Gebäude der Rechtsmedizin. Trotz der Erkenntnis, dass sie es mit ein und demselben Täter zu tun hatten, war er enttäuscht von den Ergebnissen der Laborbefunde. Aber was hatte er erwartet? Dass sie den Mörder anhand der Datenbank identifizieren konnten? So etwas war selten der Fall.

Katharina Kocks Wohnung lag im Stadtteil St. Lorenz in der Nähe des Hauptbahnhofs. Andresen hatte sich von Kregel die Wohnungsschlüssel besorgt. Im Treppenhaus des Mehrfamilienhauses standen mehrere Kinderwagen und ein Rollator. Er nahm die Treppe hoch in den dritten Stock und öffnete die versiegelte Wohnungstür.

Vorsichtig betrat er den Flur und sah sich um. Drei Räume zweigten ab. Zuerst warf er einen Blick in die kleine Küche. Sie sah chaotisch aus. Überall stand dreckiges Geschirr herum. Andresen zog in der Hoffnung, irgendetwas zu finden, das weiterhalf, einige Schubladen und Schranktüren auf. Er fand jedoch nichts Auffälliges.

Er ging ans Fenster und blickte in den Hinterhof. Was suchte er eigentlich? Eine Verbindung zu Brigitte Jochimsen, den Beweis, dass Rehm ihr Mörder war, Hinweise auf ihre Beziehung zu Eva Matthis? Vielleicht ein Brief oder ein Foto.

Im ersten Moment nahm er das Geräusch kaum wahr. Gedankenverloren stand er vor dem Fenster. Doch plötzlich gab es einen dumpfen Schlag, der ihn zusammenzucken ließ. Sofort war er sich sicher, dass das Geräusch aus der Wohnung kam. Er griff in die Innentasche und tastete instinktiv nach seiner Waffe. Dann schlich er langsam über den Flur in Richtung Wohnzimmer.

Weshalb hatten sie ihn nicht entdeckt? Vor dem Haus stand seit vierundzwanzig Stunden eine Zivilstreife. Sie waren darauf eingestellt, dass Rehm hier auftauchen würde. Und trotzdem war es ihm offenbar gelungen, sich Zutritt zur Wohnung zu verschaffen.

Andresen lauschte. Es hörte sich an, als würde jemand über Glasscherben laufen. Dann Stille. Er ging auf Zehenspitzen weiter und wagte einen vorsichtigen Blick ins Wohnzimmer. Eine wuchtige Vitrine auf der linken Seite des Raumes verhinderte, dass er das gesamte Zimmer einsehen konnte.

Kalter Wind zog plötzlich durch die Wohnung. Andresen betrat das Wohnzimmer und erkannte mit einem Blick, was geschehen war. Hastig lief er in Richtung Fenster und blickte hinunter in den Innenhof. Der Mann, der gerade an der gegenüberliegenden Garagenwand hochkletterte, musste Oliver Rehm sein. Obwohl er bislang lediglich ein Foto von ihm gesehen hatte, war er sich sicher, dass er es war. Wie war der Kerl bloß so schnell da runtergekommen?

Er lehnte sich aus dem Fenster und sah, dass an der Hauswand eine schmale Feuerleiter befestigt war. Rehm rannte unterdessen über die Dächer zweier Garagen hinweg und verschwand in einem angrenzenden Hinterhof. Andresen hielt einen Moment lang inne. Dann stürmte er aus der Wohnung ins Treppenhaus und die Treppen hinunter. Vor dem Haus lief er auf die Kollegen im Einsatzwagen zu.

»Wir sprechen uns noch, ihr Schlafmützen!«, rief er den Streifenpolizisten zu. »Raus jetzt aus dem Wagen, los! Rehm flüchtet gerade über den Hinterhof.«

Andresen hastete zurück ins Haus. Für einen Augenblick hatte er überlegt, selbst hinter Rehm herzulaufen. Doch er wollte lieber die Wohnung genauer unter die Lupe nehmen. Für eine Verfolgungsjagd über die Dächer Lübecks war er nicht mehr der Richtige. Sollten sich ihn doch die jungen Kollegen schnappen. Außerdem hatte er mittlerweile große Zweifel, dass Rehm tatsächlich etwas mit den Morden an Katharina Kock und Brigitte Jochimsen zu tun hatte. Jetzt, wo er sich sicher sein konnte, dass beide Morde von ein und derselben Person begangen worden waren. Schließlich gab es zwischen Brigitte Jochimsen und Rehm offensichtlich keinerlei Berührungspunkte. Weshalb hätte Rehm sie also umbringen sollen?

Zurück in der Wohnung betrachtete Andresen die Scherben auf dem Wohnzimmerboden. Rehm hatte bei seiner Flucht mehrere Weingläser, die auf einem Tablett gestanden hatten, und eine Vase heruntergeschmissen. Beim Blick aus dem Fenster sah er, dass die beiden Streifenpolizisten im Hinterhof auf die angrenzenden Garagendächer kletterten.

»Da rüber!«, rief Andresen. »Er ist dort hinten verschwunden.«

Die Polizisten nickten ihm kurz zu und rannten weiter. Andresen richtete seine Aufmerksamkeit wieder auf Katharina Kocks Wohnung. Wo sollte er anfangen zu suchen? Aufmerksam musterte er Wände, Möbelstücke und die wenigen Wohnaccessoires. Ein Großteil des Inventars schien aus einem schwedischen Möbelhaus zu stammen.

Er öffnete einige Schranktüren und ließ seinen Blick schweifen. Nichts Auffälliges. Nichts, was in irgendeiner Weise auf eine Verbindung zwischen Katharina Kock und Brigitte Jochimsen deutete.

Andresen ging zurück in den Wohnungsflur und öffnete eine der abzweigenden Türen. Sie führte ins Schlaf- und Arbeitszimmer. Am Ende des Raums unterhalb des Fensters stand ein großer Eichenschreibtisch, eines der wenigen massiven Möbelstücke in der Wohnung. Er zog sich einen Stuhl heran und öffnete die Schubladen des Schreibtischs. Ein paar Stifte, Papier in verschiedenen Farben, Pinsel. Das war alles.

Rechts im Raum stand ein Futonbett, daneben ein einfaches Holzregal, in dem einige Ordner und Kochbücher aufgereiht waren. Andresen bückte sich, um einen Blick in das unterste Fach zu werfen. Mit einem Mal war er voll konzentriert. Bislang hatte er kaum persönliche Dinge in der Wohnung entdeckt. Sie erinnerte ihn mehr an eine Ferienwohnung. Aber hier, in einer der hintersten Ecken, schien er etwas gefunden zu haben.

Andresen zog zwei Fotoalben aus dem Regal und setzte sich wieder an den Schreibtisch. Er knipste die kleine Schreibtischlampe an und schlug eines der beiden Alben auf.

Durch das geschlossene Fenster waren plötzlich laute Stimmen aus dem Hinterhof zu hören. Mehrere Personen schrien Rehms Namen. Andresen stand auf und trat ans Fenster. Beamte mit gezückten Waffen liefen über die Garagendächer. Offenbar war mittlerweile Verstärkung eingetroffen. Es war nur noch eine Frage der Zeit, bis sie Rehm hatten.

Er setzte sich wieder an den Schreibtisch, nahm das erste Album, das mehr als zehn Jahre alt sein musste, und begann, in Katharina Kocks Leben einzutauchen. Eine halbe Stunde später schlug er das zweite der beiden Alben enttäuscht zu. Es war aktueller, aber auch hier hatte er nichts gefunden, was einen Rückschluss auf den Mord an Katharina Kock zuließ. Sie hatte augenscheinlich ein völlig normales Leben geführt. Es gab nichts, was ungewöhnlich schien und nicht in das Bild einer heranreifenden Frau und schließlich einer attraktiven Enddreißigerin gepasst hätte. Zumindest nicht auf den Fotos.

Mit Interesse hatte er verfolgt, wie Oliver Rehm in ihr Leben getreten war. Er erschien ganz plötzlich auf den Bildern. Seitenlang waren ausschließlich Fotos der beiden eingeklebt worden. Später wechselten die Motive wieder, und Rehm war nur noch selten zu sehen. Gelegentlich gab es in beiden Alben Stellen, an denen Fotos herausgetrennt worden waren.

Stinknormale Fotoalben, dachte Andresen. Fast schon zu normal. Kindheit, Jugend, Freunde, Urlaub, Männer. Nichts Auffälliges. Keine Fotos, die sonst niemand sehen durfte.

Er klappte das zweite Album auf und blätterte es noch einmal von vorn durch. Gab es wirklich nichts Ungewöhnliches? Warum fehlten eigentlich einige Fotos? Kurzerhand schnappte sich Andresen die Alben, klemmte sie unter den Arm und verließ die Wohnung.

Vor dem Haus war mittlerweile die Hölle los. Ein halbes Dutzend Polizeiautos parkte auf der Straße, die komplett abgesperrt worden war. Überall standen Kollegen mit Funkgeräten in der Hand. Und es gab die üblichen Gaffer, die nichts Besseres zu tun hatten, als die Polizeiarbeit zu stören. Andresen erfuhr, dass sich Rehm in einem der angrenzenden Häuser versteckt hielt. Der Zugriff sollte in Kürze erfolgen. Er entschied, nicht zu warten und stattdessen zurück ins Präsidium zu fahren. Hier konnte er nichts mehr ausrichten.

Auf seinem Schreibtisch lag erneut eine Nachricht über Roland Ensink. Andresen sollte sich doch bitte so schnell wie möglich bei ihm melden. Er atmete tief durch und warf den Zettel in seinen Papierkorb. Ensink musste warten, andere Dinge waren derzeit wichtiger.

Andresen legte die Fotoalben nebeneinander auf den Tisch. Er wollte sie noch ein weiteres Mal durchblättern.

Eine knappe Stunde später ließ ihn die Vermutung nicht mehr los, dass die fehlenden Fotos mehr zu bedeuten hatten, als er im ersten Moment geglaubt hatte. Obwohl er nicht wusste, wer die Bilder entwendet hatte, hatte er das Gefühl, dass sie einen wichtigen Hinweis auf den Mörder liefern würden.

Um halb vier griff er sich seine Jacke und verließ das Büro. Ihm war eingefallen, dass er sich noch ein Bild von Brigitte Jochimsens Wohnung verschaffen wollte. Er besorgte sich den Schlüssel der Wohnung und nahm den Fahrstuhl in die Tiefgarage.

Als er auf die Possehlstraße abbog, kam ihm ein knallroter Mini Cooper entgegen. Er erkannte Eva Matthis sofort. Trotz des Regenwetters trug sie eine Sonnenbrille. Im Rückspiegel sah Andresen, dass sie auf den Parkplatz des Polizeipräsidiums abbog. Ob Kregel oder Ida-Marie sie vorgeladen hatten? Gut möglich, dass sie ihnen doch noch helfen konnte. Immerhin stand sie Katharina Kock näher als gedacht und wusste wahrscheinlich besser als jeder andere über ihr Privatleben Bescheid.

Brigitte Jochimsens Wohnung grenzte an den Stadtpark und war annähernd so groß wie Andresens Altstadthaus. Als er sie betrat, strömte ihm ein Geruch in die Nase, der ihn an früher erinnerte. An die Wohnung seiner Großmutter. Kein unangenehmer Geruch, aber penetrant, weil er in jeder Faser der Wohnung zu hängen schien. Er hatte nie richtig ergründen können, woher dieser Geruch stammte und warum er bei allen älteren Menschen gleich war.

Die Wohnung deprimierte ihn bereits nach wenigen Sekunden. Dicke Teppiche, Holzvertäfelungen, schwere Polstermöbel, ausgestopfte Wildtiere. Die Einrichtung war grauenvoll. Er musterte das marderähnliche Tier, das auf einer dunklen Anrichte im Wohnzimmer stand und aussah, als würde es jeden Moment zum Sprung ansetzen. Es schüttelte ihn bei dem Gedanken daran, zwischen diesen Wänden leben zu müssen.

Was sollte diese Frau mit Katharina Kock zu tun gehabt haben? Es gab keine offensichtliche Verbindung. Nur Gegensätze. Die miefige Wohnung passte nicht zu der hellen, unkomplizierten Wohnung von Katharina Kock.

Andresen blickte aus dem Fenster. Die Frauen mussten sich nicht zwingend gekannt haben, überlegte er. Vielleicht waren sie einfach nur zufällig in das Beuteschema des Mörders gefallen. Wahrscheinlich existierte gar keine Verbindung zwischen ihnen. Sie hatten nichts miteinander zu tun. Der Mörder hatte seine eigenen Motive, mordete nach seinem persönlichen Plan. Andresen seufzte laut. Er wusste nicht, woran er glauben sollte.

Er brauchte nicht lange, um zu erkennen, dass sich die Wohnung bereits in Auflösung befand. Teile der Küche und des Schlafzimmers waren ausgeräumt, die persönlichen Dinge schienen ebenfalls größtenteils abgeholt worden zu sein. Er durchsuchte einige Schubladen und Schränke, blätterte Dokumente durch und sah sich mehrere Fotoalben an, ohne auf irgendetwas Interessantes zu stoßen. In der Küche fand er eine große Plastiktüte, in der er die Fotoalben verstaute. Er wollte sich auch Brigitte Jochimsens Bilder später noch einmal in Ruhe ansehen. Die Wohnung würde er wieder den ausgestopften Tieren überlassen.

Auf dem Weg nach Hause rief er Kregel an. Ohne Erfolg. Auch die anderen Kollegen waren nicht zu erreichen. Im Präsidium wusste niemand, ob es Neuigkeiten bezüglich Oliver Rehm gab. Er wollte wissen, ob sie ihn mittlerweile festgenommen hatten, aber er musste sich wohl bis morgen gedulden.

Andresen ließ sich in seinen Fernsehsessel fallen und blickte eine Weile ins Leere. Es gelang ihm einfach nicht, seine Gedanken von dem Fall zu lösen. Immer wieder ging er die Fakten durch in der Hoffnung, über den entscheidenden Hinweis zu stolpern. Um sich abzulenken, blätterte er seine Post durch, die seit Tagen liegen geblieben war. Rechnungen, Werbung, eine Mitteilung der Kirchengemeinde und ein handgeschriebener Brief, den er sich bis zum Schluss aufbewahrt hatte. Bereits am Umschlag hatte er erkannt, wer der Absender war. Der Lübecker Kunstverein.

Er öffnete das Kuvert und zog eine Einladung für die nächste Ausstellungseröffnung heraus. Vergangenes Jahr war er mit Wiebke schon einmal bei einer dieser Veranstaltungen gewesen. Wiebke interessierte sich sehr für zeitgenössische und moderne Kunst und liebäugelte damit, in ihrem neuen Haus ein eigenes Atelier einzurichten.

Andresen las in dem Schreiben, dass sich der Kunstverein als Forschungsstätte und Experimentierfeld für eine Kunst verstand, die gesellschaftliche und ästhetische Fragestellungen aufgriff. Er stellte sich vor, wie ergraute Herren und Damen in langen Gewändern mit rotweingefüllten Gläsern in den Händen um eine Plastik herumstanden und über die Wirkung des Schaffens auf die Weltpolitik diskutierten.

Er schüttelte den Kopf und legte den Brief beiseite. Müde lehnte er sich zurück und schloss die Augen. Binnen weniger Minuten fiel er in einen leichten Schlaf. Erst gegen neun wurde er wieder wach. Sein Magen knurrte, und seine Zunge fühlte sich an wie eines der pelzigen Tiere aus Brigitte Jochimsens Wohnung. Er stand auf und ging hinunter in die Küche. Im Kühlschrank gab es nichts, mit dem er seinen Hunger hätte stillen können. Er trank ein Glas Leitungswasser und beschloss, noch einmal vor die Tür zu gehen und irgendwo eine Kleinigkeit zu essen.

Er entschied sich für einen Döner bei seinem Lieblingstürken an der Untertrave. Auf dem Weg dorthin fing es an zu regnen. Kein normaler Regenschauer, es war ein Platzregen, der vom Himmel prasselte. Andresen lief die letzten Meter zu Mehmets Dönerbude und rutschte beinahe auf den glatten Fliesen aus, als er den kleinen Laden betrat.

»Moin, Mehmet. Einen Dürüm Döner mit allem, bitte«, sagte er.

»Mit scharf wie immer?«, fragte der Mann hinter der Theke, den alle nur Mehmet nannten.

»Ein bisschen scharf, aber nicht zu viel.«

»Geht klar.«

»Dürüm Döner mit mittelscharf«, rief Mehmet einem Kollegen im Hintergrund zu.

»Und eine Cola«, sagte Andresen.

»Und Cola«, sagte Mehmet laut. Andresen kannte ihn gut. Er war häufig hier und Mehmet im Laufe der Jahre fast so etwas wie ein Vertrauter geworden.

»Ich kannte die Kock. Sie ist 'ne Schlampe gewesen«, sagte Mehmet unvermittelt.

»Was sagst du da?«, fragte Andresen erstaunt. »Woher kanntest du sie denn?«

»Ich kenn Freund von ihr. Oliver Rehm. Feiner Kerl. Sie hat ihn nur verarscht. Er ist nicht Mörder. Wo steckt Oliver eigentlich?«

»Das ist nicht wichtig«, antwortete Andresen kurz. »Sag mir lieber, was du sonst noch über Katharina Kock weißt.«

»Sonst nix«, sagte Mehmet ausweichend und ging nach hinten zu seinem Kollegen. Nach einer Weile brachte er Andresen sein Essen und kassierte ab. Andresen aß in Ruhe und betrachtete das Geschehen im Laden. Beim Rausgehen blieb er am Tresen stehen und sah Mehmet an.

»Ich würde mich gern ein bisschen ausführlicher mit dir über Katharina Kock und Oliver Rehm unterhalten. Aber nicht hier.

Kannst du morgen aufs Präsidium kommen? Dauert auch nicht lange.«

Mehmet blickte ihn grimmig an und antwortete nicht.

»Gut. Dann erwarte ich dich morgen Vormittag. Du weißt ja, wo.«

Andresen drehte sich um und ging in Richtung Tür, ehe er sich noch einmal Mehmet zuwandte. »Der Döner war übrigens wie immer eins a.«

Er ging an der Untertrave entlang und bog in die Mengstraße ein. Es war kurz vor zehn. Der Film im Kommunalen Kino musste gerade zu Ende sein, Menschen strömten auf die Straße. Plötzlich hielt er inne. Im ersten Moment war er sich nicht sicher gewesen, ob er sich nicht täuschte. Aber dann verstand er, es gab absolut keinen Zweifel. Auch Ida-Marie gehörte zu den Kinobesuchern und trat gerade in Begleitung eines ihm fremden Mannes auf die Straße.

Wer war dieser Kerl an ihrer Seite? Andresen versteckte sich in einem Hauseingang und beobachtete die beiden. Lachend schlenderten sie auf der gegenüberliegenden Straßenseite in Richtung Untertrave. Der Mann legte seinen linken Arm um Ida-Marie und hielt mit der rechten Hand schützend einen großen Schirm über sie. Das konnte doch nicht wahr sein. Andresen spürte Eifersucht in sich hochsteigen.

Langsam, von Hauseingang zu Hauseingang schleichend, verfolgte er die beiden bis zur Hauptstraße. Sie gingen eng umschlungen in Richtung Hubbrücke. Plötzlich verschwanden Ida-Marie und ihr Begleiter in einem Irish Pub. Andresen blieb unschlüssig stehen. Dann überquerte er die Straße und ging vor bis ans Wasser. Noch immer peitschte ihm der Regen ins Gesicht.

Sein Blick fiel auf die Wallhalbinsel auf der anderen Seite der Trave. Im großen Konferenzsaal der Media Docks brannte noch Licht. Er musste an einen Fall aus dem Vorjahr denken, als er es mit skrupellosen schwedischen Investoren zu tun gehabt hatte, die die Wallhalbinsel aufgekauft hatten und der Stadt um ein Haar schweren wirtschaftlichen Schaden zugefügt hätten.

Die Live-Musik aus dem Irish Pub drang zu ihm. Er hörte Stimmen feiernder Menschen. Um ihn herum schien die Welt in Ordnung zu sein. Fröhlichkeit allerorten.

Und was war mit ihm? Er fühlte sich zurückgewiesen, weil er Ida-Marie mit einem anderen Mann sah. Und gleichzeitig meldete sich sein schlechtes Gewissen Wiebke gegenüber. Es war an der Zeit, dass er sich endlich wieder auf das Wesentliche konzentrierte. Die Ermittlungen, der bevorstehende Umzug, genügend Themen, die ihm alles abforderten. Was interessierte ihn da Ida-Marie? Er musste sie endlich aus seinem Kopf bekommen.

Er stand noch eine Weile einfach da und starrte auf das unruhige Travewasser, ehe er sich abwandte und nach Hause ging. In der festen Hoffnung, dass alles gut werden würde.

12

Es hatte eine Weile gedauert, aber jetzt war endlich Ruhe. Sie hatte sich lange gewehrt, bis das Chloroform gewirkt hatte. Nun musste er sich beeilen. Wie lange die Wirkung anhielt, konnte er kaum abschätzen.

Er fuhr langsam los. Die Schutzbleche schepperten auf dem unebenen Untergrund. Die hatte er eigentlich noch festschrauben wollen, aber die Zeit war zu knapp geworden. Er selbst hatte bestimmt, dass die Pause dieses Mal kürzer sein sollte.

Der Weg war nicht allzu weit. Er fuhr über die Hüxtertorallee bis zum Mühlenteller und bog in den Grünbereich zwischen Krähenteich und Kanaltrave ein. Er musste vorsichtig sein. Niemand durfte ihn sehen oder hören. Zwar waren um diese Uhrzeit kaum mehr Spaziergänger unterwegs, aber man konnte nie wissen. Plötzlich heulte ein Martinshorn auf. Blaulicht flackerte aus Richtung des Mühlentellers durch die Dunkelheit. Kurzzeitig fühlte er Adrenalin durch seinen Körper fließen.

Er stieg vom Rad und verließ den Weg. Er wusste, wie wichtig es war, nicht überstürzt zu handeln. Erst einmal wollte er die Kontrolle über die Situation gewinnen, so wie er es auch bei den anderen Malen getan hatte. Er suchte Schutz hinter einem der Bäume und legte seine Arme um den dicken Stamm. Da war es wieder, dieses wohlige Empfinden. Hier fühlte er sich sicher und geborgen. Er löste sich aus dem Schatten und schob sein Fahrrad weiter zwischen den Bäumen entlang. Die Nacht war extrem dunkel, der Mond lugte nur ab und zu durch die dichten Wolken.

Alles war bereitet. Der Weg lag einsam und verlassen da. Das Fahrrad und den Anhänger stellte er hinter einigen Sträuchern ab. Er lauschte noch einmal in die Nacht hinein, dann zog er die Plane, die über den Karren gespannt war, zurück.

Anfangs hatte er überlegt, eine Taschenlampe mitzunehmen. Doch letztlich hatte er sich dagegen entschieden. Bloß kein unnötiges Risiko eingehen. Dafür hatte er jetzt das Problem, dass er kaum die Hand vor Augen sah. Zum Glück hob sich ihr blasses Gesicht von der dunklen Kleidung ab. Sie sah so friedlich aus, wie sie da zusammengekrümmt im Anhänger lag.

Jetzt stand der schwierigste Teil des Ganzen bevor. Er musste sie aus dem Karren hieven und bis ans Wasser tragen. Dabei durfte sie auf keinen Fall wach werden. Er schloss für einen Moment die Augen, dann hob er sie aus dem Anhänger und wuchtete sie auf seine Schultern.

Plötzlich hielt er inne. Er hörte Stimmen. Sofort war er auf der Hut. Vorsichtig legte er ihren schlaffen Körper zurück in den Anhänger und deckte sie mit der Plane zu. Dann versteckte er sich hinter einem Baum und beobachtete die Umgebung. In der Dunkelheit war jedoch kaum etwas zu erkennen. Die Stimmen kamen aus Richtung der Hüxtertorbrücke. Es waren ausgelassene jugendliche Stimmen. Hatte die Diskothek etwa heute Abend geöffnet? Hätte er sich besser vorbereiten können? Es ärgerte ihn, wenn Dinge passierten, die vermeidbar gewesen wären.

Die Stimmen waren jetzt ganz nah. Er verkroch sich hinter dem Baum und bohrte seine Finger in die Rinde. Geht bloß weiter! Haut ab! Er schloss die Augen und versuchte so leise wie möglich zu atmen. Nur nicht entdeckt werden.

Als er sich schließlich sicher war, dass sie außer Sichtweite waren, begann er erneut, die Frau aus dem Karren auf seine Schultern zu heben. Sie war schwer. Schwerer als die anderen. Um ein Haar wäre er vornübergefallen.

Etwa zwanzig Meter musste er zurücklegen. Sie kamen ihm fünfmal so lang vor. Als er endlich am Ufer angelangt war, legte er sie vorsichtig ins Gras. Er streckte sich und atmete tief durch. Für einen kurzen Augenblick dachte er daran, eine Zigarette zu rauchen. Aber er wollte nicht noch mehr Zeit verlieren. Das Risiko, dass sie aufwachte, war zu groß.

Er bückte sich und fasste sie am Oberkörper. Vorsichtig rollte er sie ins Wasser und hielt dabei ihren Kopf fest. Ein Kraftakt, der ihm alles abforderte. Er atmete tief aus und wieder ein. Seine Arme schmerzten, lange würde er sie nicht mehr festhalten können. Ein letztes Mal sah er sie an. Er spuckte ihr voller Hass ins Gesicht und tauchte ihren Kopf unter. Eine gefühlte Ewigkeit hielt er sie in dieser Position. Dann ließ er ab. Unruhig beobachtete er, wie sie wegdriftete.

Der Mond tauchte zwischen den Wolken auf und warf einen hellen Schein aufs Wasser. Er zündete sich eine Zigarette an und blies den Rauch in die kalte Nachtluft. Erschöpft und zufrieden sah er dem leblos davontreibenden Körper hinterher.

Anfangs registrierte er die Veränderung gar nicht. Dann traf sie ihn jedoch umso heftiger. Er war sich plötzlich sicher, dass der Körper seine Richtung geändert hatte. Er trieb nicht mehr im Strom. Er hatte angefangen, aus eigenem Antrieb zu schwimmen. Armschläge waren im Wasser zu sehen, hilfeschreiendes Flehen drang an seine Ohren. Sie lebte. Irgendetwas war schiefgegangen.

Er musste reagieren. Aber wie? Was sollte er tun? Nervös zog er ein letztes Mal an seiner Zigarette und schnippte sie ins Wasser. Er blickte sich um, die ganze Zeit in der Angst, jemand könnte ihn entdecken. Hastig zog er seine Jacke aus und legte sie ins Gras. Tief einatmen. Dann der Sprung.

Das Wasser war eiskalt. Wie hatte sie das bloß überleben können? Er sah, wie sie versuchte, ans andere Ufer zu gelangen. Sie hatte die Strömung in der Mitte des Kanals bereits hinter sich gelassen. Allzu weit war es nicht mehr, dann hatte sie die gegenüberliegende Seite erreicht. Das musste er um jeden Preis verhindern.

Er kraulte, so schnell es seine Arme zuließen, hatte jedoch das Gefühl, nicht von der Stelle zu kommen. Die Strömung war zu stark. Trotzdem kämpfte er sich nach Luft schnappend weiter. Seine Kleidung war schwer und zog ihn nach unten. Wie schaffte es diese Frau bloß, so schnell voranzukommen? Er blickte hoch und erkannte, dass sie nur noch wenige Meter vom anderen Ufer entfernt war. Wenn sie erst einmal drüben war, würde er sie nicht mehr einholen können. Dann wäre es vorbei. Das durfte einfach nicht geschehen.

Wieder sah er auf. Sie kletterte bereits an Land. Schlagartig realisierte er, dass er verloren hatte. Sie humpelte die Böschung in Richtung Straße, wo sie wahrscheinlich ein Auto anhalten und sich zur Polizei fahren lassen würde, um zu berichten, was er mit ihr gemacht hatte.

Er hielt inne und überlegte, was er tun sollte. Die Entscheidung fiel ihm nicht schwer. Er wollte noch nicht, dass es vorbei war. Zurückzuschwimmen schien ihm in diesem Moment die einzige Wahl.

Er mobilisierte all seine Kräfte, um das Ufer zu erreichen. Im Schutz der Uferkante wartete er einen Moment und vergewisserte sich, dass niemand in der Nähe war. Dann robbte er an Land, griff sich seine Jacke und lief auf leisen Sohlen zu seinem Fahrrad. Bloß weg von hier.

Er hatte versagt und trotzdem das Gefühl, dass noch nicht alles verloren war. Sie war nicht die wichtigste Person in seinen Planungen gewesen, sondern lediglich ein Teil des Ganzen. Trotzdem hasste er auch sie abgrundtief. Es würde weitere Gelegenheiten geben, sie aus dem Weg zu schaffen, das wusste er. Schließlich war er auf alles vorbereitet.

Auf dem Weg zu seinem eigentlichen Ziel, dem Grund seines armseligen und verkorksten Lebens, wollte er weiterkämpfen. Für seine persönliche Rache. Doch in diesem Augenblick zählte nur, dass er so schnell wie möglich von hier flüchten musste.

13

Andresen saß am Küchentisch und las mit müden Augen die Tageszeitung. Er hatte eine Nacht ohne Schlaf hinter sich. Immer wieder hatte er den gestrigen Abend durchgespielt. Er konnte es einfach nicht verstehen. Was wollte Ida-Marie bloß von diesem Typen? Und weshalb beschäftigte ihn das so sehr?

Sein Blick blieb auf den Todesanzeigen hängen. Er überflog sie rasch und fand das, was er erwartet hatte. Zwei Traueranzeigen für Katharina Kock. Eine von den Familienangehörigen. Und eine von Eva Matthis. Ganz einfach, ohne Schnörkel. Die Anzeige ließ keinen Schluss auf ihre heimliche Beziehung zu. Oliver Rehm hatte offenbar keine Gelegenheit gehabt, eine Anzeige zu schalten. Katharina Kock wäre wahrscheinlich ohnehin nur die von Eva Matthis wichtig gewesen.

Eine halbe Stunde später schloss Andresen die Tür seines Büros auf. Als Erstes zog er sich am Automaten einen doppelten Espresso. Er musste dringend einen klaren Kopf bekommen. Auf dem Flur traf er Kregel, der gerade aus dem Fahrstuhl gestiegen war.

»Moin, Birger. Wie sieht's aus bei dir?«

»Gut, so weit«, log Andresen. »Was gibt es Neues von Rehm? Habt ihr ihn gefasst?«

Kregel blickte Andresen verwundert an. »Schon gestern Abend. Weißt du das noch gar nicht?«

»Ich habe versucht, euch anzurufen, aber keinen erreicht. Wie genau ist es denn gelaufen?«

»Lass uns in mein Büro gehen«, sagte Kregel. »Dann erzähl ich dir alles.«

Andresen schlurfte hinter Kregel her und setzte sich in dessen Büro auf den Besucherstuhl. Kregel riss ein Fenster auf und räumte einige Unterlagen von seinem Schreibtisch.

»Rehm hatte sich im Keller in einem der Nachbarhäuser von Katharina Kocks Wohnung versteckt. Kurz bevor wir zugreifen wollten, hat er sich gestellt. Er war völlig fertig mit den Nerven.

Wir haben ihn sofort wieder in die Psychiatrie gebracht. Dort steht er jetzt rund um die Uhr unter Beobachtung.«

»Hat er noch irgendetwas rausgelassen, das uns weiterhelfen könnte?«

»Leider nicht«, antwortete Kregel. »Er war kaum noch in der Lage zu sprechen. Wie beim ersten Mal, als er zusammengebrochen ist, nur diesmal noch schlimmer. Allerdings haben wir in seiner Kleidung einige interessante Dinge gefunden.« Kregel holte eine durchsichtige Plastiktüte unter seinem Schreibtisch hervor. »Hier, schau dir das mal an.«

»Was ist das?«

»Wonach sieht es denn aus?«

Andresen nahm die Tüte und holte den Inhalt heraus. Ein Lederportemonnaie und mehrere Fotos. Vor allem die Fotos weckten sein Interesse.

»Hat er die auch bei sich gehabt?«

»Ja, in seiner Jackentasche.«

Andresen nickte und sah sich die Fotos aufmerksam an. Er war nicht allzu überrascht von den Motiven. »Warte einen Moment«, sagte er. »Ich bin gleich wieder da.«

Hastig sprang er auf und verließ das Büro. Kurz darauf kam er mit zwei Fotoalben unter dem Arm zurück.

»Hier.« Er knallte sie Kregel auf den Schreibtisch und blickte seinen Kollegen triumphierend an. »Ich weiß, woher Rehm die Fotos hat. Die Alben habe ich in Katharina Kocks Wohnung gefunden. Und rate mal, welche Fotos darin fehlen?«

Kregel schlug das erste der beiden Alben auf. Er blätterte rasch durch, bis er eine Seite fand, auf der zwei Fotos herausgetrennt worden waren. Auch auf den nächsten Seiten fehlten einige Bilder.

»Sieh dir mal das andere Album an«, sagte Andresen. »Da sind noch mehr Lücken.«

Es gelang ihnen, die Fotos, die sie in Rehms Jackentasche gefunden hatten, dem zweiten Album zuzuordnen. Es waren ausschließlich Bilder, auf denen Katharina allein oder zusammen mit Rehm zu sehen war. Sie befanden sich sogar noch in der richtigen zeitlichen Reihenfolge.

»Gut möglich, dass Rehm diese Fotos gerade erst entwendet hatte, als ich in die Wohnung kam«, sagte Andresen. »Wahrscheinlich wollte er ein paar Erinnerungen an Katharina Kock mitnehmen.«

Sie blätterten in den Alben und blickten schweigend auf die Bilder. Zumindest auf diesen Fotos sahen Katharina Kock und Oliver Rehm wie ein glückliches Paar aus.

»Was ist mit den fehlenden Bildern aus dem ersten Album?«, fragte Kregel.

»Es sind auf jeden Fall ältere Aufnahmen, so viel steht fest. Ich schätze, sie sind zehn bis fünfzehn Jahre alt.«

»Wer kann sie haben?«

Andresen blickte Kregel an und zog die Augenbrauen hoch. »Wenn wir das wissen, kennen wir vielleicht den Mörder.«

»Du glaubst also nicht, dass Rehm es war?«

Andresen schüttelte den Kopf, sagte aber nichts. An Kregels Reaktion merkte er, dass auch sein Kollege Zweifel an Rehms Schuld hegte.

»Was ich noch fragen wollte«, wechselte Andresen das Thema. »Gestern Nachmittag war Eva Matthis im Präsidium. Weißt du, was sie hier wollte und mit wem sie gesprochen hat?«

»Keine Ahnung.« Kregel zuckte mit den Schultern. »Mit mir jedenfalls nicht. Ich war gestern den ganzen Tag unterwegs und habe mit Bekannten und Freundinnen von Brigitte Jochimsen gesprochen.«

»Habt ihr irgendetwas herausbekommen?«

»Fehlanzeige«, antwortete Kregel. »Keine ihrer Freundinnen kann sich erklären, wer einen derartigen Hass auf sie gehabt haben soll. Allerdings hatte keine von ihnen ein enges Verhältnis zu ihr. In den letzten Jahren ist der Kontakt offenbar immer loser geworden. Eine der Frauen hat ausgesagt, dass sich Brigitte Jochimsen nach dem Tod ihres Mannes und dem anschließenden Verkauf des Hauses stark verändert hat. Sie hat sich zunehmend zurückgezogen und die sozialen Kontakte nach und nach abbrechen lassen.«

Kregels Bürotür öffnete sich. Ida-Marie kam herein und begrüßte die beiden. Sie teilte sich das Büro mit Kregel. Sofort hatte Andresen das Bild des gestrigen Abends vor Augen. Ida-Marie in

Begleitung dieses aalglatten Mannes, mit dem sie im Irish Pub verschwunden war. Er wandte sich demonstrativ von ihr ab.

»Haben wir eigentlich überprüft, ob es sich nicht auch um einen Raubmord handeln könnte?«, fragte Ida-Marie, nachdem sie eine Weile zugehört hatte. »Möglich, dass hinter dem Ganzen gar nicht so viel steckt, wie wir uns ausmalen. Vielleicht war es ein Junkie, der Geld für seinen nächsten Schuss brauchte?«

»Ein Junkie, der seine Opfer mit Chloroform betäubt und anschließend ertränkt?« Andresen lächelte kopfschüttelnd. »Beide Opfer sind untersucht worden. Nichts deutet auf Raubmord hin. Sie hatten noch ihre Portemonnaies mit Geld und Karten dabei.«

»Okay, ich habe verstanden«, antwortete Ida-Marie und klang eingeschnappt. »Dann machen wir eben weiter wie bisher. Irgendwann werden wir schon auf etwas stoßen, das uns weiterhilft.«

»Ich denke, wir sind auf einem guten Weg«, entgegnete Andresen kühl. »Wir haben eine Menge neue Informationen und sollten jetzt nicht alles umschmeißen.«

»Übrigens«, sagte Kregel. »Da hat heute Morgen so ein Typ namens Mehmet angerufen. Er sagte, du hättest ihn wegen einer Aussage zu Katharina Kock und Oliver Rehm herbestellt.«

»Was wollte er?«

»Er kann diese Woche nicht vorbeikommen. Irgendein Trauerfall in der Familie.«

Andresen nickte. Mehmet hatte also kalte Füße bekommen, nachdem er sich so weit aus dem Fenster gelehnt hatte. Enttäuscht über die stockenden Ermittlungen verließ er Kregels Büro. Ida-Marie würdigte er keines Blickes.

In seinem Büro setzte er sich auf den Schreibtischstuhl und drehte sich in Richtung Fenster. Von hier aus war der Kanal zu sehen. Zwar größtenteils von Bäumen verdeckt, aber dennoch deutlich sichtbar. Dahinter die Stadtsilhouette. Das Gesicht Lübecks. Die sieben Türme.

Wenige hundert Meter weiter östlich waren die Morde verübt worden. Er konnte den mutmaßlichen Tatort erahnen. Er schien zum Greifen nahe. Wann würde der Mörder das nächste Mal zuschlagen? Würde es ein nächstes Mal geben?

Andresen drehte sich um, fuhr den Computer hoch und sah,

dass mehrere E-Mails eingegangen waren. Hastig überflog er die Betreffzeilen, ehe seine Aufmerksamkeit an der zuletzt verschickten Nachricht hängen blieb. Sie war von Sibius und heute Morgen um kurz nach acht bei ihm eingegangen. Mit einem Mal war er voll konzentriert. Er las noch einmal die Betreffzeile, aber er hatte sich nicht geirrt. *Dritter Mord verhindert,* hatte Sibius geschrieben.

14

Andresen öffnete die Mail und begann zu lesen. Sibius schrieb, dass eine Frau namens Hanka Weichert heute in den frühen Morgenstunden im Präsidium erschienen war und verlangt hatte, mit einem Kollegen aus dem Kommissariat zu sprechen. Da noch niemand aus der Mordkommission anwesend gewesen war, hatte sie mit Polizeikommissar Jörg Thiel aus der nächtlichen Einsatzzentrale geredet.

Andresen öffnete den Anhang der E-Mail, Thiels Gesprächsnotiz.

»Hanka Weichert, Zeugenaussage.
Nach Aufnahme der Personalien beginnt Hanka Weichert mit ihrer Aussage. Sie wirkt emotionslos, nach außen hin unberührt von dem, was sie zu sagen hat. Viel zu lange hat Hanka Weichert laut eigener Aussage geschwiegen. Kein Auge hat sie in der vergangenen Nacht zugemacht. Aber jetzt will sie reden. Sie muss der Polizei sagen, was mit ihr passiert ist.
Gestern Abend hat sie ihren Wagen gegen zwanzig Uhr in der Percevalstraße abgestellt. Es ist dunkel gewesen, als sie die letzten Meter bis zu ihrer Wohnung am Wakenitzufer zu Fuß ging. An den Moment, in dem es geschehen ist, kann sie sich kaum noch erinnern. Alles ist viel zu schnell gegangen. Innerhalb von wenigen Sekunden hat sie ihr Bewusstsein verloren.
Als Hanka Weichert beschreibt, wie sie aufgewacht ist, hat sie für einen Moment Tränen in den Augen. Sie berichtet detailliert, wie sie unter Wasser gedrückt worden ist. Weshalb sie ruhig geblieben und nicht in Panik verfallen ist, kann sie sich im Nachhinein nicht mehr erklären. Sie hatte schnell reagiert und sofort die Luft angehalten. Und als die unbekannten Hände abgelassen hatten, hat sie sich einfach davontreiben lassen. Erst in der Mitte des Kanals ist sie wieder aufgetaucht und hat vorsichtige Armschläge gewagt. Dann hat sie sich getraut, sich umzublicken, und gesehen, dass es ein Mann war, der da am Ufer stand. Details hat sie in der Dunkelheit nicht erkennen können. Aber es ist zweifelsfrei ein Mann gewesen.
Sie berichtet, dass sie kurzzeitig in Panik geraten ist, als sie gesehen hat, dass der Mann ins Wasser sprang und hinter ihr herschwamm. Aber sofort

hatte sie den Blick wieder auf das rettende Ufer gerichtet. Schließlich hatte sie es erreicht und ist so schnell sie konnte davongerannt. Auf der Hauptstraße hat sie versucht, ein Auto anzuhalten, letztendlich ist sie aber zu Fuß nach Hause gelaufen. In den Stunden danach hat sie viel nachgedacht. Hat sich in ihrer Wohnung verschanzt und ist kaum aus dem Bett aufgestanden. Die ganze Zeit hat sie sich die Frage nach dem Warum gestellt.
Am Ende unseres Gesprächs gibt Hanka Weichert zu Protokoll, dass sie keinerlei Erklärung dafür hat, wer zu so etwas fähig ist und warum ausgerechnet sie überfallen wurde.«

Andresen las Sibius' E-Mail noch einmal. Er schrieb, dass Thiel Hanka Weichert wieder nach Hause geschickt habe. Eine ärztliche Untersuchung und Polizeischutz hatte sie abgelehnt, jedoch zog Sibius in Betracht, sie observieren zu lassen.

Andresen schüttelte den Kopf und atmete geräuschvoll aus. Es schien tatsächlich so zu sein, dass das, was er da gerade gelesen hatte, die Beschreibung des vereitelten dritten Mordes war.

»Birger?«

Er wandte sich in Richtung Tür und sah Sibius, der mit ernster Miene vor ihm stand. Er war so in den Inhalt der E-Mail vertieft gewesen, dass er nicht gehört hatte, dass Sibius sein Büro betreten hatte.

»Du hast also gelesen, was passiert ist?«, fragte Sibius. »Unglaublich, oder?«

»Allerdings.«

»Zeichner ist auf hundertachtzig«, fuhr Sibius mit gedämpfter Stimme fort. »Er will mit dir persönlich sprechen.«

»Weshalb? Wir tun unser Bestes, um den Fall aufzuklären.«

»Wir müssen diesen Irren schnappen, bevor noch mehr passiert. Um ein Haar hätte er erneut zugeschlagen. Wir nehmen stattdessen einen Verdächtigen fest und veranstalten dafür einen gigantischen Aufwand, obwohl es zweifelhaft ist, dass er etwas mit der Sache zu tun hat. Eine tatsächlich brauchbare Spur liegt aber noch immer nicht vor.«

Sibius wandte sich ab und wollte gehen. Im Türrahmen drehte er sich noch einmal um.

»Diese Ermittlung wird wahrscheinlich meine letzte als Kommissariatsleiter sein. Ich möchte mit Anstand und ohne ein Fiasko gehen. Ich verlasse mich auf dich.«

Andresen sah seinem Chef nachdenklich hinterher. Erst jetzt realisierte er, wie tief Sibius sein unfreiwilliger Abgang getroffen haben musste. Jetzt wollte er zumindest noch seinen guten Ruf als Leiter des Kommissariats retten.

Sein Telefon klingelte. Er sah, dass es ein externer Anrufer war. »Birger Andresen, Kripo Lübeck.«

»Roland Ensink hier. Endlich erreiche ich Sie. Ich habe Neuigkeiten«, meldete sich Ensink atemlos. »Einer meiner Leute hat vorgestern den Einbruch gestanden. Genau genommen den fingierten Einbruch. Unser Mitarbeiter Jens Schröder hat zugegeben, einfach durch die Tür hereingekommen zu sein und erst später die Scheibe eingeschlagen zu haben. Es war genau, wie Sie gesagt haben, Herr Kommissar. Sie haben ein gutes Gespür.«

»Tatsächlich?«, wunderte sich Andresen. Er hatte das Ganze doch nur in den Raum geworfen, um Ensink aus der Reserve zu locken. Lag er damit jetzt wirklich richtig?

»Schröder ist einer unserer Assistenten … ich sollte besser sagen, er *war* einer unserer Assistenten. Er wurde selbstverständlich umgehend entlassen.«

»Selbstverständlich«, entgegnete Andresen sarkastisch. Ensinks selbstherrliche Art stieß ihm zunehmend auf. »Dann bitte ich Sie, schnellstmöglich ins Präsidium zu kommen, damit wir Ihre Aussage offiziell aufnehmen können. Noch wichtiger ist natürlich, dass wir Herrn Schröder anhören. Aber darum werden wir uns kümmern.«

»Daran habe ich gar nicht gedacht«, antwortete Ensink verunsichert. »Ich hoffe, er ist noch in der Stadt.«

»Wäre hilfreich«, antwortete Andresen unbeeindruckt. »Aber wir werden ihn schon ausfindig machen.«

Ehe er das Telefonat beendete, vereinbarten sie einen Termin, zu dem Ensink ins Präsidium kommen sollte. Anschließend veranlasste Andresen, eine Streife zur Wohnung von Jens Schröder zu schicken.

Warum setzte ein junger Mensch wegen ein paar läppischer

Computer seine Karriere aufs Spiel? Ob Ensink tatsächlich die Wahrheit gesagt oder vielleicht nur einen Sündenbock gesucht hatte? Er nahm sich vor, den Fall nicht voreilig abzuhaken, sondern Ensink weiterhin im Auge zu behalten.

Nachdem sich Andresen mit Kregel, Ida-Marie und Julia über Hanka Weicherts Aussage und die neuesten Entwicklungen ausgetauscht hatte, verließ er das Polizeipräsidium und verbrachte die Mittagspause im Alten Zolln. Das Kantineneinerlei hing ihm zum Hals raus. Er war kein Gourmet, aber irgendwann hatte jedes Großküchenessen seinen Reiz verloren, wenn es denn überhaupt einen ausübte.

Er bestellte sich ein Wiener Schnitzel und ein Alster. Am liebsten hätte er in der Sonne auf der Terrasse des Zolln gesessen und das Treiben in der Mühlenstraße beobachtet. Aber bis dahin dauerte es wohl noch mindestens zwei Monate.

Jemand warf die Jukebox an. Elvis. Nicht gerade seine Musik, aber besser als manches andere, das die Box zu bieten hatte. Er hatte sich in eine hintere Ecke gesetzt, um ungestört nachdenken zu können. Der Fall wurde immer komplexer, er musste dringend seine Notizen, die er wahllos auf Zettel geschrieben hatte, zusammentragen und einiges überprüfen. So wusste er beispielsweise noch immer nicht, was der Grund für Eva Matthis' Besuch im Präsidium gewesen war. Außerdem fragte er sich, ob Oliver Rehm mittlerweile vernehmungsfähig war. Ida-Marie hatte er gebeten, heute Nachmittag nach Negernbötel zu fahren. Brigitte Jochimsens Familie schien ihm einen weiteren Besuch wert zu sein.

Seine ganze Aufmerksamkeit galt Hanka Weichert. Möglicherweise war sie die Verbindung, nach der sie so fieberhaft gesucht hatten. Er hatte seinen Besuch bei ihr für den frühen Nachmittag angekündigt. Bislang wussten sie so gut wie nichts über sie. Nach ihrer Aussage hatte sie das Präsidium sofort wieder verlassen. Und Thiel schien es versäumt zu haben, einige grundsätzliche Fragen zu ihrer Person zu stellen. Immerhin wussten sie, wo sie wohnte.

Die Bedienung brachte das Essen. Das Alster versetzte Andresen in Sommerlaune. Nach einer Weile blickte er auf die Uhr. Da sein Auto noch am Präsidium stand, beschloss er kurzerhand, den Termin bei Hanka Weichert zu Fuß wahrzunehmen.

Als er ins Freie trat, war die Sonne hinter den Wolken hervorgekommen. Sie hatte bereits an Kraft zugelegt und ließ ein laues Lüftchen wehen. Hanka Weichert wohnte am Wakenitzufer. Andresen mochte diese Ecke Lübecks. Die Wakenitz hatte einen besonderen Charme, den er früher vor allem im Sommer genossen hatte, wenn er abends in Ufernähe im Gras gelegen hatte oder mit Ole bis zum Ratzeburger See gepaddelt war. Ob Ole jetzt mit seiner Freundin Paddeln ging? Er nahm sich vor, ihm bei der nächsten Gelegenheit vorzuschlagen, mal wieder eine gemeinsame Tour zu unternehmen.

Andresen wählte bewusst einen Umweg, damit er weder am Kanal entlang noch über die Hüxtertorbrücke gehen musste. Er wollte seine Gedanken nicht schon wieder mit den Bildern des Tatorts belasten. Als er in die Straße am Wakenitzufer einbog, erkannte er den zivilen Einsatzwagen sofort. Er nickte den beiden Kollegen zu, die Hanka Weichert observierten, ging weiter bis zur Haustür des Mehrfamilienhauses und klingelte. Durch die Gegensprechanlage stellte er sich vor und bat um das vereinbarte Gespräch. Hanka Weicherts Skepsis wich erst, als er ihr durch den Türspalt seine Marke hinhielt. Sie ließ ihn herein und führte ihn ins Wohnzimmer. Die Wohnung war geschmackvoll eingerichtet. Stilvoll, aber nicht protzig. Durchgeplant und doch wohnlich. Trotzdem fühlte sich Andresen nicht wohl. Es lag eine angespannte Stimmung in der Luft. Er hatte von Anfang an das Gefühl, als wäre Hanka Weichert auf der Hut.

»Bitte setzen Sie sich«, sagte sie und zeigte auf einen lederbezogenen Stuhl am Esstisch. »Möchten Sie etwas trinken?«

»Ein Wasser wäre nett«, antwortete Andresen.

Hanka Weichert verschwand im Flur und ging in die Küche. Andresen nutzte den Moment und sah sich um. Der Balkon, auf den man vom Wohnzimmer aus gelangte, bot einen hübschen Blick auf die Wakenitz und die gegenüberliegenden Villen.

Sie kam mit zwei Gläsern Wasser und einem Teller mit Keksen auf einem Tablett zurück. Vorsichtig stellte sie es auf dem Esstisch ab. Andresen schätzte Hanka Weichert auf Mitte vierzig. Mit ihren brünetten langen Haaren sah sie attraktiv aus, gleichzeitig umgab sie jedoch eine Traurigkeit, die sie älter wirken ließ, als sie wahrscheinlich tatsächlich war.

»Was geschehen ist, tut mir sehr leid für Sie«, begann Andresen das Gespräch. »Sie können sich sicher sein, dass wir alles Erdenkliche tun, um den Täter zu fassen.«

Sie musterte ihn und verzog dabei keine Miene. Andresen fragte sich, ob sie tatsächlich alles Menschenmögliche taten. Er hatte das Gefühl, dass seine Worte angesichts des Überfalls für Hanka Weichert beinahe höhnisch klingen mussten.

»Was wollen Sie denn noch?«, fragte sie plötzlich. »Ich habe doch bereits alles Ihrem Kollegen erzählt. Glauben Sie etwa, es ist einfach für mich, darüber zu sprechen?«

»Nein, natürlich nicht. Mich interessiert auch weniger der Tathergang als solcher«, sagte er. »Ich würde gerne mehr über Sie als Person erfahren.«

»Über mich?«, fragte Hanka Weichert überrascht. »Was soll denn das werden?«

»Wir haben Gründe zu glauben, dass Sie nicht zufällig Opfer dieses Verbrechens geworden sind«, antwortete Andresen.

Sie blickte ihn mit großen Augen an und stellte ihr Glas zurück auf den Tisch. Langsam schüttelte sie den Kopf. »Das glaube ich nicht, Sie müssen sich irren. Warum sollte das jemand bewusst getan haben?«

»Wir gehen von einem Serientäter aus.«

»Ich verstehe nicht ganz, was Sie meinen.«

»Sie haben vielleicht von den beiden Todesfällen der vergangenen Tage gehört. Der Täter ist jeweils identisch vorgegangen. Wahrscheinlich haben Sie einen großen Schutzengel gehabt.«

»Was erzählen Sie denn da? Welche beiden Todesfälle?«

Es brauchte einen Moment, ehe Andresen verstand. Niemand hatte Hanka Weichert gesagt, dass sie beinahe das dritte Opfer des Mörders geworden war. Sie wusste vielleicht nicht einmal, dass vor wenigen Tagen zwei Leichen in der Kanaltrave gefunden worden waren. In aller Kürze klärte er sie über die Morde an Brigitte Jochimsen und Katharina Kock auf.

»Wenn wir das Motiv des Mörders kennen, können wir wichtige Rückschlüsse ziehen. Leider ist das Motiv in dieser Ermittlung die große Unbekannte. Deshalb ist Ihre Mithilfe so ungemein wichtig für uns.«

Beinahe unmerklich nickte sie.

»Gut«, sagte Andresen. »Dann stelle ich Ihnen jetzt meine Fragen.« Zu Beginn klärte er einige Details, die die Tatnacht betrafen. Ihn interessierte vor allem, was sie vom Täter wahrgenommen hatte, inwiefern sie sich Details gemerkt hatte und ob sie Verhaltensweisen von ihm einzuschätzen vermochte. Viel mehr als das, was sie bereits ausgesagt hatte, konnte Hanka Weichert hierzu jedoch nicht berichten. Sie war sich allerdings sicher, dass es sich um einen Mann gehandelt hatte, der zwischen dreißig und vierzig Jahre alt sein musste und blonde, halblange Haare hatte.

Andresen musste an Rehm denken. Die Beschreibung passte auf ihn. Es wunderte ihn jedoch, dass Hanka Weichert bei ihrer Aussage im Präsidium nichts dergleichen erwähnt und stattdessen vorgegeben hatte, in der Dunkelheit kaum etwas gesehen zu haben.

»Ich würde mich mit Ihnen gerne ein wenig über Ihr Privatleben unterhalten. Vielleicht findet sich ein Anhaltspunkt, der uns weiterhilft. Eine Kleinigkeit kann manchmal bereits ausreichen, um alles ins Rollen zu bringen.«

Ihr Blick verriet Unsicherheit und Skepsis.

»Haben Sie vielleicht irgendwelche speziellen Hobbys?«, fragte Andresen. »Brigitte Jochimsen war beispielsweise jahrelang im Kinderschutz aktiv.« An Hanka Weicherts Stirnrunzeln erkannte er, dass sie nicht verstand, wovon er sprach. »Sie war das erste Opfer«, fügte er erklärend hinzu.

Plötzlich zitterte das Wasserglas in ihrer Hand, ihre Wangen färbten sich rot.

»Was haben Sie denn? Ist Ihnen nicht gut?«

»Nein, nein. Alles in Ordnung. Es ist nur …« Sie hielt inne. »Ich weiß, wer sie ist. Brigitte, ich kenne sie. Oder besser, ich kannte sie.«

»Woher?«, fragte Andresen, plötzlich hellwach.

»Über den Beruf. Wir haben einige Jahre an derselben Schule unterrichtet. Aber das ist mittlerweile mehr als zehn Jahre her.«

»An der Blücher-Grundschule?«
»Ja.«
»Unterrichten Sie noch immer dort?«
»Nein, schon seit einigen Jahren nicht mehr. Ich bin mittlerweile an einer Berufsschule tätig.«
Andresen machte sich Notizen. »Wie war Ihr Verhältnis zu Frau Jochimsen? Hatten Sie viel Kontakt zu ihr?«
»Wir kannten uns«, antwortete sie. »Mehr aber auch nicht. Sie war eine Kollegin wie jede andere auch.«
Andresen musterte sein Gegenüber. Hanka Weichert hatte einen Augenblick zu lange gezögert. Irgendetwas verschwieg sie ihm, da war er sich sicher.
»War sie eine beliebte Lehrerin? Können Sie sich daran erinnern?«
»Brigitte war von der alten Schule«, antwortete Hanka Weichert. »Ein wenig strenger mit den Kindern und deshalb nicht sonderlich beliebt.«
Andresen hörte interessiert zu. Wieder kam der Hinweis auf den autoritären Erziehungsstil von Brigitte Jochimsen.
»Dann sprechen wir noch einmal über Sie«, wechselte er das Thema. »Haben Sie irgendeine Erklärung für den Übergriff?«
»Nein, sollte ich denn?«
»Vielleicht«, antwortete Andresen vielsagend. »Hatten Sie in letzter Zeit Probleme mit jemandem? Gab es Drohungen gegen Sie?«
Wieder blickte sie ihn unsicher an. Dann schüttelte sie den Kopf. »Wenn dem so wäre, hätte ich es Ihnen wohl längst gesagt.«
»Wahrscheinlich«, sagte Andresen. Es schien, als würden für den Moment keine weiteren Informationen aus ihr herauszuholen sein. »Vielen Dank, ich glaube, das war es fürs Erste.« Er reichte ihr die Hand und verabschiedete sich. »Wenn Ihnen noch etwas einfällt, dann rufen Sie mich bitte an. Oder falls Sie doch noch Polizeischutz in Anspruch nehmen möchten.«
Sie stand in der Tür und nickte langsam mit einem gequälten Lächeln.
Vor dem Haus blieb Andresen stehen und atmete tief ein. Er verabschiedete sich von den Kollegen im zivilen Einsatzwagen und

beschloss, an der Wakenitz entlangzugehen. Vor einem abgesperrten Steg blieb er stehen. Dann kletterte er über die rot-weiß gestreiften Plastikbänder des morschen Stegs und ging vor bis ans Wasser. Er setzte sich auf die klammen Holzbalken und ließ die Beine baumeln. Gerade so oberhalb der Wasserkante.

Für einen Augenblick hatte er geglaubt, dass Hanka Weichert ihm entscheidende Hinweise geben könnte. Doch dann hatte sie mit einem Mal abgeblockt und nur noch Belanglosigkeiten berichtet. Er war erfahren genug, um zu wissen, dass es in solchen Momenten keinen Sinn hatte, weiterzubohren. Irgendetwas hatte sie plötzlich davon abgehalten, weiterzuerzählen. Nur was?

Die Sonnenstrahlen, die sich mühevoll durch die Wolkendecke kämpften, erwärmten die Luft. Die Wakenitz lag still und anmutig vor ihm. In unmittelbarer Nähe zur Altstadt die perfekte Idylle, um die Seele baumeln zu lassen. Wenn man nicht gerade eine Mordserie aufklären musste.

Andresen sah sich um. Von hier aus konnte er gerade noch das Haus erkennen, in dem Hanka Weichert wohnte. Er sah, dass sie auf dem Balkon ihrer Wohnung stand und telefonierte. Ihrer Gestik nach zu urteilen, schien sie sich zu echauffieren.

Er stand auf und ging zurück zur Straße. Was hatte das Zögern von Hanka Weichert ausgelöst? Sie hatte für ihre Antwort nur den Bruchteil einer Sekunde zu lange gewartet. Hatte sie Brigitte Jochimsen möglicherweise doch besser gekannt, als sie vorgab? Raschen Schrittes ging er zurück zu dem Haus und klingelte ein weiteres Mal. Eine letzte Frage beschäftigte ihn noch.

Als sie die Tür öffnete, hatten ihre Wangen die Farbe eines vollreifen Apfels angenommen. Sie wirkte aufgelöst, das verlaufene Make-up deutete darauf hin, dass sie geweint hatte.

»Ich wollte nicht stören, entschuldigen Sie«, sagte Andresen unbeholfen. »Aber eine Frage beschäftigt mich noch. Kannten Sie eigentlich auch Katharina Kock?«

Hanka Weichert runzelte die Stirn und blickte Andresen nachdenklich an. Ganz langsam schüttelte sie den Kopf. »Nein, weshalb fragen Sie?«

»Sind Sie sich absolut sicher? Denken Sie bitte noch einmal scharf nach.«

»Nein, wirklich nicht«, antwortete sie. »Ich habe den Namen noch nie gehört.«

»Das wollte ich nur wissen.« Andresen wandte sich zum Gehen.

Diesmal hatte ihre Antwort echt gewirkt. Offenbar wusste sie tatsächlich nicht, wer Katharina Kock gewesen war. Doch wie passte das alles zusammen? Zwei Lehrerinnen und eine Grafikerin. Irgendwo musste es doch eine Verbindung zwischen den drei Frauen geben.

Zurück im Präsidium rief Andresen bei der Blücher-Schule an und vereinbarte für den nächsten Morgen einen Termin mit der Schulleiterin. Anschließend fuhr er seinen Rechner hoch, öffnete den Browser und googelte den Firmennamen »Wiebusch + Partner«. Der Arbeitgeber von Katharina Kock. Er wählte die Nummer und wartete auf den Rufton.

»Birger Andresen, Kripo Lübeck. Guten Tag.« Er schilderte sein Anliegen und bat, zum Geschäftsführer durchgestellt zu werden.

»Kann er Sie zurückrufen? Er befindet sich momentan in einer wichtigen Besprechung.«

»Das wäre nett. Würden Sie ihm bitte ausrichten, dass es dringend ist.« Andresen verabschiedete sich und legte auf.

Im nächsten Moment öffnete sich die Tür zu seinem Büro. Durch den Türspalt wedelte jemand mit einem kleinen schwarzen Buch.

»Rate mal, was ich gefunden habe.« Es war Ida-Maries Stimme, die hinter der Tür zu hören war. Ohne Andresens Antwort abzuwarten, betrat sie sein Büro. »Brigitte Jochimsens Tagebuch. Ihr Sohn hat es mir gegeben. Mit dem Hinweis, dass es uns möglicherweise weiterhelfen kann.«

Andresen blickte sie verwundert an. Weshalb hatte Bernd Jochimsen ihnen diesen persönlichen Gegenstand seiner Mutter übergeben? Und wenn es so wichtig war, warum erst jetzt?

»Hast du schon reingeschaut?«

»Bislang nicht, ich wollte es Julia geben.«

»Gut, dann mach das bitte. Sie soll es gründlich durcharbeiten. Anschließend sprechen wir darüber.« Noch immer versuchte er, ihrem Blick auszuweichen und nur das Nötigste mit ihr zu reden. Obwohl er sein Verhalten selbst albern fand, konnte er nicht anders.

Das Klingeln des Telefons entschärfte die Situation. Er bedeutete Ida-Marie, dass er in Ruhe telefonieren wolle. Sie nickte und verließ das Büro wieder.

»Andresen«, meldete er sich.

»Jörg Wiebusch. Sie hatten mich angerufen?«

Andresen stellte sich kurz vor und erklärte, worum es ging.

»Tut mir leid«, antwortete Wiebusch. »Da kann ich Ihnen nicht helfen. Ich habe weder von einer Frau Jochimsen noch von einer Weichert jemals gehört. Wir sind hier alle zutiefst schockiert. Katharinas Tod ist unbegreiflich. Sie war eine tolle Frau und eine hervorragende Mitarbeiterin.«

»Haben Sie in letzter Zeit irgendetwas Auffälliges an ihr festgestellt? War sie nervös? Bekam sie private Anrufe? Irgendetwas Ungewöhnliches?«

»Nichts dergleichen. Ich habe mir auch schon den Kopf zerbrochen.«

»Kennen Sie ihren Freund? Oliver Rehm?«

»Flüchtig. Sagen Sie nicht, dass er etwas damit zu tun hat?«

»Wir ermitteln in alle Richtungen. Können Sie es sich vorstellen?«

»Wie gesagt, ich kannte ihn kaum. Ich habe allerdings mitbekommen, dass die beiden oft Probleme hatten. Sie wollte sich von ihm trennen. Aber ein Mörder, ich weiß nicht …«

Andresen hatte genug gehört. Er bedankte sich bei Wiebusch und legte auf. Im nächsten Moment klingelte sein Handy. Es war Wiebke. Ob er drangehen sollte? Falls nicht, würde alles wohl nur noch komplizierter werden. Er nahm ab.

»Hallo, ich bin's«, meldete sie sich. »Hast du einen Augenblick Zeit?«

»Ein paar Minuten sind okay.«

»Wie geht es dir?«

»Ziemlich im Stress.«

»Mir fällt hier die Decke auf den Kopf. Meine Mutter nervt, und die Kinder langweilen sich.«

»Dann komm doch einfach zurück.«
»Ich bin so selten mit den Kindern hier, das kann ich meiner Mutter nicht antun.«
»Wie du meinst.«
»Hörst du mir eigentlich zu?«
»Es ist gerade nicht so passend. Diese Ermittlungen rauben mir wirklich –«
»Ja, ja, natürlich. Die Ermittlungen gehen immer vor. Selbst wenn es mir mal nicht so gut geht.«
Andresen schwieg. Ihr Vorwurf war berechtigt, und trotzdem konnte er die Situation nicht ändern. Wenn er mitten in einer schwierigen Ermittlung steckte, war alles andere um ihn herum zweitrangig. Ein Schicksal, das er wohl mit den meisten Kriminalpolizisten teilte.
»Bist du noch dran?«
»Ja.«
»Ich komme Samstag zurück. Schafft ihr es, den Fall bis dahin aufzuklären? Es wäre schön, wenn du deinen Kopf dann wieder frei hättest.«
»Ich hoffe.«
»Dann viel Erfolg dabei. Wenn dir nach Telefonieren ist, hast du meine Nummer ja.«
»Wiebke, warte mal«, sagte Andresen gerade noch rechtzeitig, ehe sie aufgelegt hätte. »Tut mir leid, es ist alles ein bisschen viel momentan. Die Ermittlungen, unser Umzug, die letzten Tage in meinem Haus und ...«
»Und?«
»Das Ganze eben«, antwortete er zögerlich. Er hatte gerade noch einmal die Kurve bekommen. Um ein Haar hätte er Ida-Marie erwähnt.
»Ich verstehe dich ja«, sagte sie mitfühlend. »Bald ist alles gut.«
Sie verabschiedeten sich und vereinbarten, erst am Freitagabend wieder miteinander zu telefonieren.

Um kurz vor sechs verließ Andresen das Präsidium. Um dem zähfließenden Verkehr auf der Moltkestraße zu entgehen, bog er in die Straße am Wakenitzufer ein.

Es war gerade mal ein paar Stunden her, dass er hier gewesen war. Das Gespräch mit Hanka Weichert und ihr seltsames Zögern klangen noch immer in ihm nach.

Kurz hinter dem Haus, in dem sie wohnte, erkannte er im Rückspiegel, dass ein Auto mitten auf der Straße vor dem Haus hielt. Andresen fuhr rechts ran und beobachtete die Situation im Außenspiegel.

Der Fahrer des Golfs beugte sich herüber und stieß die Beifahrertür auf. Im nächsten Moment stürzte Hanka Weichert aus der Haustür und kollidierte um ein Haar mit einem Fahrradfahrer. Hastig stieg sie in den Wagen ein und warf die Tür zu. Der Fahrer legte einen Kavalierstart hin und fuhr davon.

Instinktiv setzte Andresen aus der Parklücke heraus und folgte dem Golf. Das Gefühl, dass mit Hanka Weichert etwas nicht stimmte, verstärkte sich.

15

Er war erschöpft, aber erleichtert. Es hatte nicht viel gefehlt und es wäre schiefgegangen. Innerlich hatte er sich bereits damit abgefunden, dass sein Plan gescheitert war. Und alles nur, weil er nicht konsequent genug gewesen war. Aber das Blatt hatte sich noch einmal gewendet.

Er musste sich konzentrieren, noch gewissenhafter seine Vorkehrungen treffen. Denn eines stand fest: Er hatte ein Ziel. Und dieses Ziel hatte absolute Priorität. Er durfte keine Risiken mehr eingehen. Wenn Hanka Weichert ihn nicht erkannt hatte, dann hatte er großes Glück gehabt. Es hätte allerdings auch ganz anders ausgehen können. Noch wusste er nicht genau, was er mit ihr machen sollte. Kurzzeitig hatte er überlegt, sie am Leben zu lassen. Aber ihm war eine andere Idee gekommen.

Die Polizei tappte noch immer im Dunkeln, da war er sich sicher. Sie hatten keine Ahnung, was hinter dem Ganzen im Verborgenen schlummerte. Noch ein paar Tage musste es dabei bleiben. Dann wäre endlich alles vorbei. Nach all den Jahren und dem Leid, das er erfahren hatte.

Plötzlich schrak er zusammen. Es hatte an der Haustür geklingelt. Wer zum Teufel war das? Hatten sie ihn etwa doch ausfindig gemacht? Wussten sie mehr, als er annahm?

Er schob die Gardine ein Stück zur Seite und sah, dass es der Mann vom Paketdienst war. Sofort spürte er die Erleichterung, obwohl er sich nicht daran erinnern konnte, etwas bestellt zu haben. Sein Pulsschlag fuhr wieder herunter. Er öffnete die Tür, nahm ein Päckchen in Empfang und legte es vor sich auf den Küchentisch. Vorsichtig begann er es auszupacken.

Im ersten Moment verstand er nicht, was er sah. Erst nach und nach realisierte er, worum es sich handelte. Langsam und verstört schüttelte er den Kopf. Dann ging er einen Schritt zurück und trat mit voller Wucht gegen den Küchentisch. Das Paket flog durch den Raum und landete auf dem Kühlschrank. Der Tisch kippte um und fiel gegen das Regal, in dem er sein Geschirr aufbewahrte.

Mehrere Tassen und Teller polterten auf den PVC-Boden und zerbarsten.

Wie wild geworden lief er im Wohnzimmer auf und ab, ehe er schließlich in einer Ecke zusammensank und in Tränen ausbrach. Warum nur?, schrie er innerlich. Hatte dieses Martyrium denn niemals ein Ende? Was für ein Mensch war sie bloß? War sie überhaupt ein Mensch?

In diesem Moment schwor er sich, dass er das Ganze noch vor dem Wochenende hinter sich bringen würde. Nichts würde mehr übrig bleiben von dem Schmerz, den er seit so langer Zeit mit sich herumtrug. Nur noch wenige Male schlafen, dann wäre es so weit. Dieses eine Mal würde sie ihn nicht aus der Fassung bringen können. Die Zeit der Rache war endgültig gekommen.

16

Lange würde es nicht mehr dauern, da war sie sich sicher. Was genau sein krankes Hirn als Nächstes plante, vermochte sie nicht zu sagen. Allmählich musste sie jedoch selbst aktiv werden, ehe er ihr zuvorkäme.

Gewissenhaft hatte sie in den vergangenen Tagen alles geregelt. Sie würde Lübeck verlassen, und niemand könnte sie mit der Tat in Verbindung bringen. Sie hatte sogar noch ein paar falsche Spuren legen können, die ihr weitere Zeit brachten. Zeit, die sie gut gebrauchen konnte.

Sie hatte lange darüber nachgedacht, ob es notwendig war, bis zum Äußersten zu gehen. Wer würde ihm schon glauben? Seine Geschichte klang doch absurd, und sicherlich würde er auch maßlos übertreiben. Trotzdem wollte sie auf Nummer sicher gehen. Wenn er erst einmal tot war, würde er keinen Ärger mehr machen, und sie konnte endlich wieder ein sorgenfreies Leben führen. Ohne Angst davor, dass jemals ein Wort darüber verloren würde, was damals vorgefallen war.

Die Angst, die sie kurzzeitig verspürt hatte, als sie realisierte, dass er nach all den Jahren seine Rache suchte, war gewichen. Sie war entschlossen, ihn für immer zum Schweigen zu bringen.

Sie ahnte, dass er sie bereits beobachtete. Spürte die Blicke, sobald sie ihre Wohnung verließ, und seinen Schatten, wenn sie die Straßenseite wechselte. Er war nicht dumm, das wusste sie. Er war akribisch vorgegangen, ansonsten hätte er Brigitte Jochimsen und Katharina Kock nicht umbringen können, ohne dass ihn jemand dabei beobachtet hatte. Die Polizei war noch immer ahnungslos, am liebsten hätte sie ihr einen kleinen Tipp gegeben. Doch damit hätte sie riskiert, dass alles aufflog. Wenn sie ihm den Prozess machten, würde er reden. Und vielleicht gab es ja doch Menschen, die ihm seine Version der Geschichte abnahmen. Nein, es gab keine Alternative für sie. Er musste sterben.

Aber wie bloß sollte sie den Spieß umdrehen, wenn er ihr bereits auf den Fersen war? Sie brauchte mehr Informationen über ihn. Musste seine Schwachstellen in Erfahrung bringen und sich seiner Beobachtung entziehen, ohne dass er merkte, dass sie Bescheid wusste.

Eine kleine Überraschung hatte sie schon für ihn vorbereitet. Es ärgerte sie, dass sie seine Reaktion nicht hatte sehen können. Denn damit hatte er bestimmt nicht gerechnet. Ein kleines Geschenk, das ihn an damals erinnern würde.

Sie lächelte zufrieden. Sie hatte sich für diesen Weg entschieden, also musste sie ihn auch zu Ende gehen. Es gab kein Zurück mehr. Ihr Leben war ihr wichtiger als seines. Friss oder stirb war die Devise. Dann lieber fressen.

17

In der Dämmerung fiel es ihm schwer, den dunkelblauen Wagen nicht aus den Augen zu verlieren. Andresens Tachonadel zeigte weit mehr als hundert Stundenkilometer an, als sie auf der Travemünder Allee in Höhe Israelsdorf unterwegs waren. Zweifel plagten ihn. Was erhoffte er sich davon, Hanka Weichert und den unbekannten Golffahrer zu verfolgen? Die beiden würden ihn kaum zu dem Mörder von Brigitte Jochimsen und Katharina Kock führen.

Er musste an das denken, was ihm eingefallen war, als er heute Nachmittag auf dem Steg an der Wakenitz gesessen hatte. Was, wenn sich Hanka Weichert die ganze Geschichte nur ausgedacht hatte? Vielleicht hatte sie in der Zeitung über die Morde gelesen und wollte sich wichtigmachen. Oder es war ein Ablenkungsmanöver, weil sie jemanden schützen wollte. Jemanden, der zwei Frauen betäubt und anschließend ertränkt hatte. Und der in diesem Moment nur hundert Meter vor ihm in einem dunkelblauen Golf in Richtung Ostsee raste.

Nichts ergab einen Sinn. Eva Matthis mit ihrer heimlichen Liebe zu Katharina Kock; Oliver Rehm, der vor der Polizei geflüchtet war, weil er offenbar Angst hatte, verdächtigt zu werden, und jetzt Hanka Weichert.

Bei Travemünde verließ der Golf die Bundesstraße und fuhr in Richtung des alten Ortskerns. In der Nähe der Kirche wurde er langsamer und parkte am Seitenrand. Andresen fuhr im Schritttempo daran vorbei und bog um die nächste Kurve, wo er seinen Volvo ebenfalls abstellte. Er schlich um die Häuserecke und blickte die schmale, kopfsteingepflasterte Straße entlang. Am Ende der kleinen Gasse sah er die beiden. Sie liefen rasch in Richtung Trave. Andresen überquerte die Straße und folgte ihnen so unauffällig wie möglich.

Eine der großen Fähren lief gerade aus dem Hafen aus. Im Dunkeln ein besonderes Schauspiel. Das Schiff war beleuchtet wie ein Tannenbaum und schob sich gedämpft stampfend an der Vorderreihe entlang.

Andresen erkannte, dass Hanka Weichert und ihr Begleiter in Richtung Fischereihafen verschwanden. Weshalb waren sie hier? Um diese Tageszeit war im Fischereihafen kaum noch etwas los.

Die beiden gingen weiter, bis sie vor einem Boot im Hafen stehen blieben und ans Fenster klopften. Trotz der Dunkelheit sah Andresen, dass Hanka Weicherts Begleiter einen Friesennerz und Gummistiefel trug.

Niemand schien auf das Klopfen zu reagieren. Der Mann versuchte es an einem anderen Fenster. Auf der »Perle«, so hieß das Boot, befand sich offenbar ein Restaurant. Zumindest deuteten das verwitterte Namensschild, das oberhalb des Schotts angebracht war, und eine antik daherkommende Bierreklame darauf hin: »Zum Möwenschiet«. So sah es auch aus, dachte Andresen.

Plötzlich tat sich etwas. Das Schott, das zu einer einfachen Eingangstür umfunktioniert worden war, wurde aufgestoßen. Der Mann mit den Gummistiefeln begrüßte sein Gegenüber und beklagte sich lauthals über irgendetwas. Hanka Weichert wartete wortlos im Hintergrund.

Andresen fluchte leise. Er konnte nicht erkennen, wer den beiden die Tür geöffnet hatte. Hanka Weichert und der Mann betraten das Innere des Bootes und schlossen die Tür hinter sich. War sein abendlicher Ausflug vollkommen umsonst gewesen? Die Fahrt nach Travemünde, das Herumgeschleiche bis zum Fischereihafen, alles endete hier vor diesem alten Kahn. Ohne ersichtlichen Grund war er dem blauen Golf gefolgt, ohne irgendein Anzeichen, dass Hanka Weichert tatsächlich mehr wusste, als sie bislang verraten hatte. Und trotzdem war er sich sicher, dass ihr Verhalten zum Himmel stank, jedenfalls schlimmer als der Fisch, der hier jeden Morgen zum Verkauf angeboten wurde.

Mit einem gewagten Satz sprang Andresen auf das Nachbarboot der »Perle« und ging nach vorn bis an die Bugspitze. Die Dämmerung war mittlerweile vollkommen in Dunkelheit übergegangen und zwang ihn dazu, sich an der Reling entlangzuhangeln. Doch von hier aus konnte er nichts beobachten. Er musste rüber auf die »Perle«. Nur würden sie ihn mit Sicherheit bemerken, wenn er über die Decksplanken lief. Er musste so vorsichtig wie möglich sein. Dann würde es ihm vielleicht gelingen, die drei zu belauschen.

Ein paar Wortfetzen aufzugreifen und zu verstehen, was hier vor sich ging.

Ganz langsam kletterte Andresen an Deck der »Perle«. Er ging auf die Knie und robbte auf allen vieren weiter. Als er die Mitte des Schiffs erreicht hatte, vernahm er plötzlich Geräusche. Stimmen aus dem Inneren des Schiffs. Sie klangen nah.

Mit einem Mal breitete sich ein lautes Dröhnen aus. Andresen richtete sich auf und sah über den Schiffsaufbau hinweg auf das Travewasser. Er sah eine weitere riesige Fähre im dunklen Wasser direkt auf sich zukommen. Er wusste, dass die Perspektive täuschte und die Fähre gleich abdrehen würde, aber für einen Moment erschrak er vor dem sanftmütigen Stahlkoloss. Das Schiffshorn ertönte und hallte klangvoll über die Vorderreihe. Als es erstarb, hinterließ es auf dem Wasser ein eigenartiges Vakuum.

Vor ihm war ein Fenster, das ein Stück weit offen stand. Andresen erkannte es bloß, weil die vorbeifahrende Fähre ein wenig Licht zu ihm herüberwarf. Die Stimmen waren jetzt deutlicher zu hören. Vorsichtig riskierte er einen Blick ins Innere der »Perle«. Er sah Hanka Weichert und die zwei Männer an einem kleinen Tisch sitzen. Das Gesicht des Mannes, der die Tür geöffnet hatte, blieb hinter einem Holzträger verborgen. Andresen sah lediglich, dass er grauhaarig war und einen dunkelblauen Seemannspulli und Jeans trug. Die aufgeregten Stimmen verrieten, dass die drei offenbar in eine heftige Diskussion verstrickt waren.

»Ich hatte Todesangst, Piet! Der Typ hätte mich beinahe umgebracht!«

Das war zweifelsfrei Hanka Weicherts Stimme. Sie sprach mit dem Mann, mit dem sie hergekommen war.

»Beruhig dich erst mal«, entgegnete Piet. »Willst du einen Schnaps?«

Hanka Weichert zuckte mit den Schultern, ohne eine Antwort zu geben. Dann wandte sie sich ab und vergrub das Gesicht in den Händen.

»Wärst du bloß nicht gleich zu den Bullen gerannt«, sagte Piet. »Jetzt haben die uns womöglich auf dem Kieker.«

»Ich wäre fast gestorben. Irgendetwas musste ich doch tun.«

»Süße, locker bleiben. Was auch immer dahintersteckt, es wird nicht gegen dich gerichtet sein. Das macht doch überhaupt keinen Sinn. Wenn das mit dieser ganzen Scheiße, die hier im Hafen abgeht, zu tun hat, dann können die was erleben. Die werden dir nicht noch einmal zu nahe kommen.«

Hankas Weicherts Miene verriet Skepsis. Langsam wanderte ihr Blick durch den Raum. Andresen glaubte zu erkennen, dass sie den grauhaarigen Mann fixierte. Es schien, als nicke sie ihm zu. Dann sah sie wieder ihren Begleiter an.

»Piet, wir müssen dir etwas sagen«, brachte sie schließlich hervor.

Um ein Haar hätte Andresen vergessen, dass sie ihn durch den Fensterschlitz sehen konnten. Instinktiv trat er einen Schritt nach hinten. Im nächsten Moment rutschte er auf dem feuchten Decksboden aus und landete mit dem Hintern auf den Holzplanken.

»Was war das?«, rief Hanka Weichert.

Verdammt, durchfuhr es Andresen. Sie hatten ihn gehört. Hastig rappelte er sich auf und sprang an Land. So schnell er konnte, rannte er vom Boot weg in die Richtung, aus der er gekommen war. In der Dunkelheit hatte er allerdings Probleme, sich zu orientieren.

Er blickte sich um, sah die »Perle« und die zwei Männer, die an Deck standen und gestikulierten. Ohne die Geschwindigkeit zu drosseln, rannte er weiter. Um die Kurve auf den abzweigenden Weg. Im nächsten Augenblick stolperte er und verlor den Boden unter den Füßen. Er hob ab. Als er wieder landete, wollte er nur noch schreien. Vor Schmerz.

Zu Hause vor dem Badezimmerspiegel realisierte er das ganze Ausmaß seines Sturzes über die Absperrkette, die er bei seiner Flucht in der Dunkelheit nicht gesehen hatte. Das Kinn und die rechte Wange waren komplett aufgeschürft. Winzige Blutstropfen quollen aus den länglichen Risswunden, die schwarz vor Schmutz waren. Seine Hose war an beiden Knien aufgerissen. Auch seine Jacke war im Brustbereich zerfetzt. Aber am schlimmsten hatte es seine Handinnenflächen erwischt. Vorsichtig hielt er sie unter den kalten Wasserstrahl und spülte den Dreck aus den Wunden. Es brannte derart, dass ihm Tränen in die Augen stiegen.

Verfluchte Kette. Hätte er sich bloß nicht noch einmal umgesehen. Er stützte sich mit den Unterarmen aufs Waschbecken, sah in den Spiegel und fühlte eine Mischung aus Wut und Energie in sich aufsteigen. Wut auf sich selbst und auf die Absperrkette im Fischereihafen. Energie, weil Hanka Weichert offenbar tatsächlich mehr wusste, als sie ihm bei ihrem ersten Gespräch erzählt hatte. Sie und der grauhaarige Bootsbesitzer hatten Piet, dem Jüngeren, etwas Wichtiges sagen wollen. Dazu war es dank seines ärgerlichen Ausrutschers allerdings nicht mehr gekommen.

Am nächsten Morgen weckte ihn sein Radiowecker um kurz vor sieben. Im ersten Moment schien alles in Ordnung. Aber dann fuhr der Schmerz mit Vehemenz in seinen Körper. Nicht nur die Wunden taten weh. Jeder einzelne Knochen schmerzte so sehr, als hätte sie ihm jemand nacheinander gebrochen.

Er hatte bereits den Hörer in der Hand, um sich ein Taxi zu bestellen, als er es sich doch noch einmal anders überlegte und mit seinem eigenen Wagen ins Präsidium fuhr. Unterwegs dachte er darüber nach, was er seinen Kollegen sagen sollte. Dass er beim Joggen gestürzt war? Oder die Treppe hinuntergefallen? Oder einfach die Wahrheit?

Er entschied sich für die Wahrheit. Schließlich mussten sie sich so schnell wie möglich um Hanka Weichert und das, was er gestern Abend gehört hatte, kümmern. Kregel oder Ida-Marie sollten ihr weiter auf den Zahn fühlen. Er selbst würde heute kaum dazu kommen; gleich hatte er den Termin mit der Schulleiterin der Blücher-Schule, außerdem musste er dringend mit Eva Matthis sprechen. Niemand wusste, warum sie im Präsidium gewesen war. Keiner schien sie gesehen, geschweige denn mit ihr gesprochen zu haben. Und dann gab es noch Oliver Rehm, auch mit ihm mussten sie reden.

Andresen versuchte möglichst unauffällig über den Flur zu kommen. Er betrat sein Büro und schloss die Tür hinter sich. Es war kurz vor halb neun. Um zehn Uhr hatte er den Termin an der Grundschule. Vorher war noch die morgendliche Besprechung angesetzt. Er las einige E-Mails, dann bewegte er sich schwerfällig in Richtung Sitzungszimmer.

Er stellte sich ans Fenster und wartete, bis alle Kollegen eingetroffen waren, ehe er sich ihnen zuwandte. Noch während er sich umdrehte, hob er eine Hand, um deutlich zu machen, dass sie sich mit Kommentaren zurückhalten sollten. In wenigen Sätzen erklärte er, was gestern Abend passiert war. Von dem Gespräch auf dem Boot, seiner anschließenden Flucht, dem kleinen Missgeschick und seinen vorläufigen Schlussfolgerungen. Keiner sagte etwas, nachdem er geendet hatte. Sibius fand schließlich als Erster Worte.

»Danke, Birger. Auch wenn es schmerzvoll für dich war, kann uns deine Beobachtung sehr helfen.«

Andresen schnitt eine Grimasse und setzte sich. »Da wir ja überhaupt nicht wissen, was dahintersteckt, müssen wir natürlich vorsichtig sein. Vielleicht geht es auch um etwas ganz anderes. Trotzdem werde ich das Gefühl nicht los, dass mit Hanka Weichert etwas nicht stimmt. Ich bin mir sicher, dass sie mir nicht alles gesagt hat, was sie weiß.«

Kregel räusperte sich leise und setzte sich zurecht. »Gab es da nicht vor ein paar Monaten so eine Geschichte mit einem abgesoffenen Schiff im Hafen? Wo man davon ausgegangen war, dass es sich um Sabotage handelte? Mir war so, als wäre das im Fischereihafen gewesen.«

Andresen nickte. Auch er konnte sich jetzt wieder daran erinnern. Der alte Kahn war nur mit Mühe vor dem Untergang gerettet worden, nachdem das Wasser unaufhaltsam durch ein gut zwanzig Zentimeter großes Leck im Bugbereich eingetreten war.

»Okay, das Rätselraten macht ja keinen Sinn«, sagte Sibius. »Wir müssen den Dingen gezielt auf den Grund gehen. Ben, du übernimmst die Sache. Birger hat genug mit den Mordfällen zu tun. Aber stimmt euch trotzdem ab.« Er nickte in die Runde und beendete die kurze Besprechung.

Es war zwei Minuten nach zehn, als Andresen die Grundschule an der Blücherstraße betrat. Das rote Backsteingebäude, das schon mehr als hundert Jahre alt sein musste, strahlte etwas Ehrwürdiges aus. Andresen dachte sofort an seine eigene Schulzeit und schüttelte schmunzelnd den Kopf. Er war wahrscheinlich das gewesen, was Lehrer heutzutage als Kind mit Aufmerksamkeitsdefizit-/Hyperaktivitätsstörung bezeichneten. Beinahe wöchentlich hatte er bei seiner Rektorin antanzen müssen.

Auf einem kleinen Hinweisschild im Foyer war das Sekretariat ausgeschildert. Andresen folgte dem Gang, bis er eine Doppelschwingtür aus verblendetem Glas erreichte. Im nächsten Moment stieß eine Frau die Tür von innen auf und trat energisch auf ihn zu. Andresen erkannte die Schulleiterin sofort. Er hatte sich informiert und wusste, dass Gisela Sachs einundfünfzig Jahre alt war und seit knapp fünfzehn Jahren die Leitung der Blücher-Grundschule innehatte.

»Ah, da sind Sie ja. Ich habe Sie bereits erwartet.« Sie streckte Andresen die Hand hin, vermied es jedoch, ihm in die Augen zu blicken.

»Frau Sachs«, entgegnete Andresen. »Entschuldigen Sie die kleine Verspätung. Sie wissen ja, wie es um den Verkehr in Lübeck bestellt ist.« Er zwinkerte ihr zu und lächelte.

»Scherzen Sie nur, solange Sie noch können«, antwortete die Schulleiterin gleichgültig. »Kommen Sie bitte mit in mein Büro. Dort können wir uns ungestört unterhalten.«

Sie betraten das bieder eingerichtete Büro, in dem es nach Parfum und Schwarztee roch. Andresen dachte wieder an seine eigene Schulzeit und kam zu dem Schluss, dass die Frau vor ihm ohne Weiteres als seine damalige Rektorin hätte durchgehen können. Gisela Sachs trug eine moderne Hornbrille. Ihre Frisur und das Auftreten erinnerten ihn an eine alternde Hollywood-Schauspielerin, deren Name ihm nicht einfallen wollte.

»Setzen Sie sich bitte.« Sie deutete auf einen Stuhl, der vor ihrem Schreibtisch stand. »Möchten Sie eine Tasse Tee?«

»Gerne.«

Sie goss ihm aus einer abgegriffenen Thermoskanne ein. Andresen wartete ab und nippte an der Tasse. Dann ergriff er das Wort.

»Sie wissen, weshalb ich hier bin. Am Telefon haben wir ja bereits über ein paar Dinge gesprochen. Was mich am meisten interessiert, ist die Verbindung, oder sollte ich besser sagen, die mögliche Verbindung zwischen Brigitte Jochimsen und Hanka Weichert. Beide waren einige Jahre lang zur gleichen Zeit an dieser Schule tätig.«

»Wissen Sie, was mich wundert?«, sagte Gisela Sachs nach einigen Sekunden des Schweigens. »Warum fragen Sie mich nicht nach Katharina Kock? Sie ist diesem Verrückten doch ebenfalls zum Opfer gefallen, nicht wahr?«

»Natürlich«, pflichtete ihr Andresen bei. Obwohl er überrascht von der offensiven Gangart der Schulleiterin war, erläuterte er sein Anliegen. »Uns stellt sich aber vor allem die Frage, was die beiden Frauen, die an dieser Schule unterrichtet haben, miteinander verbunden hat.«

Gisela Sachs musterte ihn kritisch. »Was ist anders an Katharina Kock? Sie passt doch genau in dieses Schema.«

»Wie meinen Sie das?«

»Vielleicht ist eine Vertretung nicht mit einer etablierten Vollzeitkraft vergleichbar, aber Katharina war immerhin länger als ein halbes Jahr bei uns.«

»Moment!« Andresen glaubte, sich verhört zu haben. »Wollen Sie damit sagen, dass ...«

»Ich habe extra noch mal in den Unterlagen nachgeschaut, nachdem Sie bei mir angerufen haben«, unterbrach ihn die Rektorin. »Da gibt es kein Vertun.«

Das also war die Verbindung, nach der sie gesucht hatten. Andresen schüttelte irritiert den Kopf darüber, wie einfach die Erklärung war.

»Katharina Kock hat damals an mehreren Grundschulen in Schleswig-Holstein mit Vertretungsjobs ihr Geld verdient«, fuhr Gisela Sachs fort. »Aufgrund der fehlenden pädagogischen Ausbildung wurde sie als gelernte Grafikerin vor allem im Kunstunterricht eingesetzt. Hier an der Blücher-Schule hatte sie für acht Monate die Schwangerschaftsvertretung für eine dritte Klasse übernommen.«

»War Katharina Kock zur selben Zeit an der Schule wie auch Brigitte Jochimsen und Hanka Weichert?«

»Ich glaube, ja«, antwortete die Schulleiterin zögerlich. »Ich werde die Sache aber noch einmal vom Sekretariat überprüfen lassen und Ihnen schnellstmöglich Bescheid geben.«

»Wie war Katharina Kock als Mensch? Können Sie sie mir etwas beschreiben?«, fragte Andresen.

»Ich kannte sie kaum, aber das Wenige, woran ich mich erinnere, ist positiv. Sie war ein angenehmer Mensch.«

Andresen machte sich Notizen. Dann lenkte er das Gespräch auf Brigitte Jochimsen und Hanka Weichert. Doch Gisela Sachs hatte kaum etwas Interessantes über die beiden ehemaligen Lehrerinnen zu berichten.

»Ist es richtig, dass Brigitte Jochimsen eine eher strenge Lehrerin war?«

»Ja, das kann man so sagen. Wir hatten gelegentlich Beschwerden von Eltern, die befürchteten, ihre Kinder seien dem Druck von Brigitte nicht gewachsen. Maßlos übertrieben, wenn Sie mich fragen. Manchmal täte es gut, wenn wir noch immer jemanden wie Brigitte im Kollegium hätten.«

Es überraschte Andresen nicht, dass Gisela Sachs den autoritären Stil von Brigitte Jochimsen verteidigte. Sie schien von einem ähnlichen Schlag zu sein.

»Wie gut kannten Sie Hanka Weichert?«

»Weniger gut als Brigitte.«

»Hatte sie auch Probleme mit den Kindern?«

»Brigitte hatte keine Probleme mit den Kindern«, korrigierte Gisela Sachs. »Die Kinder hatten ein Problem mit Brigitte. Um auf Ihre Frage zurückzukommen: Nein, Hanka Weichert war anders. Eine ruhige, sachliche Lehrerin. Weder sonderlich beliebt noch verhasst.«

»Wissen Sie irgendetwas über private Kontakte der drei Frauen untereinander?«

»Nein.«

Andresen nickte enttäuscht. Aber er hatte auch so genug gehört. Alle drei Frauen hatten an derselben Grundschule unterrichtet. Höchstwahrscheinlich zur selben Zeit. Das Ganze lag mehr als zehn Jahre zurück. Irgendwann mussten sich die Wege der drei Frauen wieder gekreuzt haben. Der Täter ging nach einem Muster vor, das sie miteinander verband. Noch wusste er nicht, um was für ein Muster es sich handelte. Sie mussten die Vergangenheit aufrollen, so viel stand fest. Andresen war sich sicher, dass hier das Motiv für die Gewaltverbrechen lag.

»Vielen Dank, Frau Sachs. Sie haben uns weitergeholfen.« Andresen reichte ihr die Hand und verabschiedete sich. »Falls Ihnen noch irgendetwas einfällt, dann rufen Sie mich bitte an.«

Gisela Sachs nickte wohlwollend. Ihre Lippen schienen sich für einen Augenblick zu einem fast freundlichen Lächeln zu verziehen.

Andresen nahm ein weißes Papier und legte es vor sich auf den Tisch. In großen Lettern schrieb er das Wort »SCHULE« auf das Blatt. Darunter die Namen der drei Frauen. Die Verbindung war endlich da. Jetzt fehlte nur noch das Motiv.

Ihm fiel wieder ein, dass er bei Eva Matthis vorbeifahren wollte. Er griff zum Hörer und wählte Ida-Maries Nummer.

»Hast du gerade viel zu tun?«, fragte er.

»Ich bin dabei, die Ergebnisse aus dem Gespräch mit dem LKA-Beamten zusammenzustellen.«

»Und Ben?«

»Der spricht noch einmal mit Hanka Weichert. Er wollte da weitermachen, wo du gestern aufgehört hast.«

»Ich hoffe nicht«, antwortete Andresen trocken.

»Nicht jeder ist so tollpatschig wie du«, sagte Ida-Marie. Aber ihr Versuch, lustig zu sein, scheiterte. Andresen war nicht zu Scherzen aufgelegt und ignorierte ihren Kommentar.

»Ich möchte, dass du heute noch zu Oliver Rehm in die Uniklinik fährst und versuchst, ihn zu vernehmen. Die Akte über ihn liegt bei Ben.«

»In Ordnung. Ich muss allerdings um fünf zu Hause sein, weil ich Besuch habe.«

»Ach, wieder dein Macker, mit dem du auch im Kino warst?«, platzte es plötzlich aus Andresen heraus. »Dann viel Spaß mit ihm!« Er knallte den Hörer auf und verließ das Büro.

18

Als er ihre Wohnung betrat, fiel es Andresen sofort ein. Irgendetwas hatte er am Rande aufgeschnappt, ohne es wirklich wahrzunehmen. Jetzt wusste er es wieder.

Da waren noch mehr Fotos gewesen. Sie hatten an einer Wand in der Nähe des Kamins gehangen. Die große Stehlampe hatte davorgestanden. Wahrscheinlich waren sie ihm deshalb kaum aufgefallen.

Er drängte sich wortlos an Eva Matthis vorbei, ging ins Wohnzimmer und schob die Lampe beiseite. Es war, wie er gehofft hatte. Es handelte sich um ein Foto von Katharina Kock, offenbar auf einem Schulfest aufgenommen. Sie blickte lachend in die Kamera. Eine hübsche, lebensfrohe Frau. Im Hintergrund sah Andresen das rote Backsteingebäude der Blücher-Grundschule. Außerdem Brigitte Jochimsen, Hanka Weichert und einige andere Lehrerinnen.

Er nahm den Bilderrahmen von der Wand und hielt ihn Eva Matthis hin. »Warum haben Sie mir nichts davon erzählt, als ich hier war?«

»Was meinen Sie, wovon?«

»Davon, dass auch Katharina als Lehrerin an der Blücher-Grundschule gearbeitet hat.«

Nachdenklich zuckte sie mit den Schultern und blickte ihn fragend an. Andresen nahm ihr ab, dass sie nicht wusste, wovon er sprach. Trotzdem blieb er vorsichtig.

»Kennen Sie diese Frau?« Er zeigte auf Brigitte Jochimsen.

Eva Matthis nahm das Bild in die Hand, betrachtete es und schüttelte den Kopf.

»Und diese hier? Hanka Weichert, vielleicht sagt Ihnen der Name etwas.«

»Nein, nie gesehen oder gehört. Wer sind diese Frauen denn? Haben sie irgendetwas mit Tinas Tod zu tun?«

»Brigitte Jochimsen wurde wenige Tage vor dem Mord an Katharina ebenfalls tot in der Kanaltrave gefunden. Sie haben sicherlich davon gehört. Auch Hanka Weichert wurde überfallen, hat den Angriff aber überlebt.«

»Das ist alles so schrecklich«, sagte Eva Matthis betroffen. »Muss ich mir jetzt auch Sorgen machen?«

»Wahrscheinlich nicht«, antwortete Andresen. »Es sei denn, Sie haben früher auch an der Blücher-Schule unterrichtet.«

Sie schüttelte wieder den Kopf und ließ sich auf einen Sessel fallen.

Andresen hatte genug gesehen. Immerhin konnte er sich jetzt sicher sein, dass alle drei Frauen zur selben Zeit an der Blücher-Grundschule unterrichtet hatten. Eine wichtige Frage aber hatte er noch. »Was haben Sie neulich eigentlich im Polizeipräsidium gemacht? Keiner meiner Kollegen kann sich erinnern, mit Ihnen gesprochen zu haben.«

Eva Matthis sah ihn irritiert an. »Heißt das etwa, Sie haben ihn noch gar nicht gelesen?«

»Wen?«, fragte Andresen überrascht.

»Na, den Brief. Ich habe ihn beim Empfang abgegeben. Ich dachte, er könnte hilfreich für Sie sein.«

»Ich weiß nichts von einem Brief. Worum geht es darin?«

»Sie müssen ihn selbst lesen. Es ist ein Schreiben an Katharina, eine Art Erpresserbrief.«

Andresen runzelte die Stirn. »Woher haben Sie diesen Brief? Hat Katharina Kock in Ihrer Wohnung persönliche Dinge gelagert?«

»Nur ein paar Kleinigkeiten. Einige Papiere, Schmuck und Kosmetik. Beim Durchsehen der Sachen habe ich den Brief gefunden. Er muss schon älter sein. Das Papier ist ganz vergilbt.«

»Wo sind diese anderen persönlichen Dinge jetzt?«, fragte Andresen. »Ich möchte mir alles ansehen.«

Als Andresen mit einer Tüte voller Habseligkeiten von Katharina Kock und dem Foto des Schulfests auf die Straße trat, fielen ihm Hanka Weicherts Worte ein. Sie hatte ausgesagt, sie kenne keine Frau namens Katharina Kock. Sie war sich absolut sicher gewesen, und er hatte ihr geglaubt. Aber wie passte das zusammen? Auf dem Foto waren alle drei Frauen zu sehen. Sie hatten definitiv zur gleichen Zeit an der Grundschule unterrichtet. Auch Gisela Sachs hatte es so vermutet. Er musste Hanka Weichert mit dem Foto konfrontieren. Aber erst einmal wollte er ins Präsidium, um den Brief zu besorgen, von dem Eva Matthis gesprochen hatte.

19

»Hallo, Birger. Ida-Marie hier. Gut, dass ich dich erreiche.«

»Hallo«, sagte Andresen, noch immer unterkühlt.

»Martin ist heute gefahren, sodass ich jetzt wieder Zeit für andere Dinge habe. Wie sieht es denn bei dir aus? Wollen wir was trinken gehen? Dann können wir auch noch über die Ermittlungen sprechen.«

Wollte sie ihn eigentlich verarschen, oder was sollte das Theater? Kaum war der eine weg, sollte er wieder herhalten.

»Tut mir leid, diese Woche nicht. Bin zu müde.« Andresen wollte sich bereits verabschieden, als Ida-Marie noch einmal ansetzte.

»Schade, aber da kann man wohl nichts machen. Ich hatte mich darauf gefreut, etwas mit dir zu unternehmen. Schließlich ist es dann doch etwas anderes, ob ich mit meinem Bruder ins Kino gehe oder mit dir.«

Bruder? Martin? Ganz langsam verstand er. Er hatte sich lächerlich gemacht. Wie ein pubertierender Jugendlicher, der unglücklich verliebt war. Statt sie einfach zu fragen, wer der Mann war. Er hätte noch am selben Abend auf die beiden zugehen und alle Missverständnisse aus der Welt räumen können. Stattdessen hatte er sich, feige wie er war, zurückgezogen und in seiner Unsicherheit falsche Schlüsse gezogen.

»Da habe ich wohl einiges missverstanden, was?«

»Allerdings.«

»Tut mir leid.«

»Schon gut«, sagte Ida-Marie. »Also, wie sieht's jetzt mit heute Abend aus?«

»Ich glaube, ich bin nicht in der richtigen Stimmung. Ein andermal, okay?«

»Wie du meinst«, antwortete sie enttäuscht. »Wenn du es dir doch noch anders überlegst, melde dich einfach.«

»Mach ich.« Andresen legte auf und atmete tief durch. Endlich war er standhaft geblieben und hatte sich nicht von ihr um den Finger wickeln lassen.

Er trottete in die Küche, wo er eine Dose Ravioli öffnete und in einen Kochtopf füllte. Er aß am Küchentisch. Vor dem Fenster gingen Passanten entlang. Manche kamen vom Einkaufen nach Hause, manche von der Arbeit, andere machten einen Spaziergang oder waren auf dem Weg ins Kino. Und unter ihnen womöglich ein Verrückter, der bereits zwei Frauen umgebracht hatte. Niemand wusste, wie viele noch folgen würden.

Eben ging der Bürgermeister vorbei. Andresen erkannte ihn an seiner unverwechselbaren Art, sich zu bewegen. Ein staksiger, schreitender Gang, über den sich manche Leute lustig machten.

Während er dasaß und aus dem Fenster blickte, musste er an Ida-Marie denken. Die Gedanken an seine Kollegin machten ihn wahnsinnig. Er wollte endlich Gewissheit haben. Gewissheit darüber, was sie miteinander verband. Er merkte, dass er sich erst einmal selbst darüber klar werden musste, was er wollte. Liebte er Wiebke und wollte er in Kürze mit ihr zusammenziehen? Und was empfand er für Ida-Marie? Er griff zum Telefon und wählte kurzerhand ihre Nummer.

»Ja?«

»Ich hab's mir anders überlegt«, sagte Andresen. »Gehen wir etwas trinken?«

»Gern.«

Gegen neun verließ er das Haus, ging die Große Gröpelgrube hoch und die Königstraße entlang, bis er in die Glockengießerstraße einbog. Ida-Marie wartete im Schatten der Katharinenkirche auf ihn. Im Buthmanns setzten sie sich auf die letzten beiden freien Plätze. Andresen fand, dass das Buthmanns nicht unbedingt der richtige Laden für eine Frau wie Ida-Marie war. Aber außergewöhnliche Situationen erforderten eben außergewöhnliche Maßnahmen. Und somit war das Buthmanns der ideale Ort, um einige Dinge auf den Tisch zu bringen.

Es dauerte eine Weile, ehe das Gespräch in Gang kam. Die Anspannung, die zwischen ihnen herrschte, verhinderte die Ungezwungenheit, mit der sie sonst miteinander umgingen. Nachdem Andresen ihr von seinen Gesprächen berichtet hatte, bestellten sie zwei weitere Biere und wechselten das Thema. Ida-Marie erzählte von dem Besuch ihres Bruders und den anstrengenden Tagen mit ihm. Andresen saß einfach nur da und hörte ihr zu. Die Blockade löste sich, und er betrachtete sie, wie sie aus ihrem Leben erzählte, ihm in die Augen blickte, ab und zu lächelte und in großen Zügen ihr Bier austrank. Eigentlich hatte er klären wollen, was es denn war, das da augenscheinlich zwischen ihnen heranwuchs und ihn zunehmend verwirrte. Aber er war zu feige und die Stimmung zu vertraut, als dass er sie mit diesem Thema zerstören wollte.

Um kurz vor zwölf bezahlten sie schließlich und verließen das Buthmanns.

»Ich bring dich nach Hause. Keine Widerrede. Ich bin Polizist und ich weiß, dass es gefährlich ist, nachts allein durch die Stadt zu laufen.«

Sie lachte und machte keinerlei Anzeichen, sein Angebot auszuschlagen. Vor ihrer Wohnung in der Engelsgrube blieben sie stehen und blickten sich an.

»Ich habe eine neue Kaffeemaschine«, sagte Ida-Marie.

Andresen sah sie irritiert an, verstand dann jedoch die Anspielung und musste schmunzeln.

»Wenn du willst, kannst du gerne noch mit hochkommen.« Sie warf einen Blick auf ihre Armbanduhr. »Lange mache ich aber nicht mehr. Ich muss morgen früh raus.«

»Selbstverständlich«, entgegnete Andresen und folgte ihr.

20

Er hatte bereits geahnt, dass es so kommen würde, als er die Treppen zu ihrer Wohnung hinaufgestiegen war. Eigentlich gab es so etwas doch immer nur in Filmen, nicht im wirklichen Leben. Aber es hatte sich verdammt real angefühlt.

Andresen hatte es nicht bereut, dass es nicht nur bei einer Tasse Kaffee geblieben war. Die Nacht mit Ida-Marie war wunderschön gewesen. Am nächsten Morgen hatten sie noch zusammen gefrühstückt, ehe er sich von ihr verabschiedete. Ida-Marie hatte ihn angelächelt und ihm einen Kuss auf die Wange gegeben.

»Ich fand es sehr schön«, hatte sie gesagt.

»Ich auch«, hatte er geantwortet.

Dann war er gegangen. Pfeifend war er durch die noch leeren Gassen Lübecks gezogen. Getragen von einem Hochgefühl. Er hatte geduscht und war dann ins Präsidium gefahren. Doch auf der Fahrt war die Euphorie plötzlich umgeschlagen. Das schlechte Gewissen hatte sich mit einer solchen Wucht gemeldet, dass er rechts ranfahren und sich erst einmal beruhigen musste. Fassungslos über sich selbst und sein Verhalten schossen Gedanken und Konsequenzen durch seinen Kopf. Was um Himmels willen hatte er bloß getan?

So früh am Morgen hatte Andresen schon seit Monaten nicht mehr an seinem Schreibtisch gesessen. Die Müdigkeit, die nach der kurzen Nacht von Glückshormonen verdrängt worden war, kehrte schlagartig zurück. Am Automaten im Flur zog er sich einen doppelten Espresso und schleppte sich zurück in sein Büro.

Mühsam versuchte er, sich auf die Arbeit zu konzentrieren. Er musste dringend mit den Kollegen sprechen, um sich abzustimmen und die neuesten Informationen auszutauschen. Andresen nahm sich einen Zettel und schrieb noch einmal die wichtigsten Eckdaten des Falls auf. Es fiel ihm leichter, neue Ansatzpunkte zu finden, wenn er die Fakten ab und zu auf Papier brachte.

Gegen neun ging er in den Besprechungsraum. Die anderen warteten bereits. Auch Ida-Marie war schon da. Sie wich seinem Blick aus und setzte sich ans andere Ende des großen Besprechungstischs.

»Wir haben neue Erkenntnisse.« Andresen berichtete ausführlich von seinem Besuch an der Grundschule und dem Gespräch mit der Schulleiterin.

Die Stimmung im Raum war angespannt, das Ermittlungsteam hoch konzentriert, während er seine Vermutungen hinsichtlich des Mordmotivs äußerte. »Ich bin mir sicher, dass der Fall etwas mit dieser Schule zu tun hat. Alle haben zur gleichen Zeit dort unterrichtet. Das zeigt auch dieses Foto, das ich bei Eva Matthis entdeckt habe.« Er reichte das Bild herum.

»Zu viele Zufälle ...«, murmelte Kregel.

»Richtig«, sagte Andresen. »Eine grundlegende Frage stellt sich mir allerdings noch immer. Hanka Weichert hat ausgesagt, sie würde Katharina Kock nicht kennen. Das ergibt keinen Sinn.«

»Du hast doch erwähnt, dass Katharina Kock nur vertretungsweise an der Schule war«, sagte Kregel. »Vielleicht konnte sich die Weichert einfach nur nicht mehr an sie erinnern?«

»Mag sein, aber wir müssen das genau überprüfen. Hanka Weichert steht ohnehin auf meiner Liste der Leute, die uns bislang nicht die ganze Wahrheit erzählt haben. Wie war dein Gespräch mit ihr?«

»Wir hatten einen Termin vereinbart, aber sie war nicht zu Hause. Wir werden sie jetzt vorladen und mit den neuesten Erkenntnissen konfrontieren.«

Andresen nickte und verzog den Mund.

Wieder kam ihm der Gedanke, dass mit Hanka Weichert etwas nicht stimmte. Nachdenklich fasste er in seine hintere Hosentasche und zog den Brief hervor, den Eva Matthis im Präsidium abgegeben hatte. Er hatte noch immer am Empfang gelegen, was ihn zu einem Wutausbruch gegenüber der jungen Kollegin veranlasst hatte, die es versäumt hatte, ihn an das Kommissariat weiterzuleiten.

»Was mich momentan am meisten interessiert, ist die Frage, wer diesen Brief geschrieben hat.« Er wedelte mit dem Schriftstück, das offenbar auf einer Schreibmaschine erstellt worden war, und erklärte, worum es sich handelte. Dann begann er vorzulesen.

Katharina,
wir haben in den vergangenen Wochen viel über dich gehört. Das, was du hier in kurzer Zeit an Lügen verbreitet hast, zeigt deinen verlogenen Charakter. Dir ging es von Anfang an nur um deinen Platz an dieser Schule. Für uns alle wird es besser sein, wenn du uns so schnell wie möglich wieder verlässt. Der einfachste Weg wäre, dass du von selbst deine Konsequenzen ziehst und gehst. Andernfalls könnte es sehr ungemütlich für dich werden. Aber so weit muss es ja gar nicht erst kommen.
Eine Kollegin

»Der Brief ist offenbar mehrere Jahre alt.« Sibius war der Erste, der sich äußerte. »Glaubst du wirklich, dass er von Bedeutung für unsere Ermittlungen ist?«

»Wenn das Motiv für die Morde in die Zeit fällt, als die drei Frauen gemeinsam an der Blücher-Schule unterrichtet haben, könnte der Brief damit durchaus zu tun haben«, antwortete Andresen. »Wir müssen herausfinden, wer diese Kollegin war, die Katharina Kock diesen Brief geschrieben hat.«

»Ich weiß nicht«, sagte Sibius skeptisch. »Mir erscheint das alles sehr weit hergeholt.«

»Immerhin ist der Brief bislang der einzige Hinweis darauf, dass jemand ein Problem mit Katharina Kock gehabt hat.«

»Du vergisst Oliver Rehm«, sagte Kregel.

»Er war es nicht, das ergibt keinen Sinn. Warum sollte er Brigitte Jochimsen umgebracht und Hanka Weichert überfallen haben?« Andresen musste an Hanka Weicherts Personenbeschreibung denken, die auf Rehm zutraf. Trotzdem weigerte er sich zu glauben, dass er der Mann war, den sie suchten. »Hast du eigentlich schon mit ihm gesprochen?«, fragte er in Richtung Ida-Marie.

»Noch nicht«, antwortete Ida-Marie. »Die Ärzte wollen nicht, dass er zu stark belastet wird. Sein Nervenzusammenbruch war wohl schlimmer als gedacht.«

»Wir brauchen seine Aussage«, sagte Sibius barsch. »So ein Gespräch dauert doch nicht länger als zehn Minuten. Was den Brief angeht, werden wir ihn den Kollegen von der Spurensicherung übergeben.«

»Was ist eigentlich mit dem Brandanschlag auf die Blücher-Schule?«, fragte Ida-Marie plötzlich. »Gibt es da schon was Neues?«

»Nein«, antwortete Sibius. »Die Kieler Kollegen haben ihre Untersuchungen noch nicht abgeschlossen.«

»Wir sollten auf jeden Fall in Betracht ziehen, dass er in Zusammenhang mit den Morden steht«, sagte Kregel. »Apropos. Was hat denn der Psychologe vom LKA gesagt? Seid ihr mit dem Täterprofil vorangekommen?«

Ida-Marie berichtete von ihrem Gespräch mit dem Beamten des Kieler Landeskriminalamtes. Sie hatten gemeinsam versucht, ein Profil zu erstellen und auf diese Weise den möglichen Täterkreis einzugrenzen. »Wir sind zu der Überzeugung gelangt, dass es sich bei den Verbrechen um einen Racheakt handeln kann. Alles deutet darauf hin, dass der Täter durch tief verwurzelte persönliche Beweggründe angetrieben wird. Vor allem die Vorgehensweise bei den Tötungsdelikten spricht dafür. Immer dasselbe Muster, die extrem aufwendige Prozedur. Das macht man nur, wenn man damit etwas zum Ausdruck bringen will.«

Sie legte eine kurze Pause ein und schaute in die Gesichter ihrer Kollegen. »Wir glauben außerdem, dass der Täter sein, ich nenne es mal *Werk*, noch nicht vollendet hat. Zu diesem Schluss sind wir gekommen, weil er sehr akribisch vorgegangen ist. Die Art und Weise, die Frauen durch Ertränken zu töten, ist sehr aufwendig und bedarf einer umfangreichen Vorbereitung. Außerdem hat der Mörder kaum Spuren und keinerlei Hinweise am Tatort hinterlassen. Dr. Michael Sörensen vom LKA ist der Meinung, dass dies ein Hinweis darauf sein kann, dass der Täter uns keine Anhaltspunkte liefern will, bevor er die Sache nicht beendet hat.«

»Dann liegen wir mit unserer Serienmörder-These also richtig«, hakte Sibius ein. Er wirkte angespannt, seine Gesichtsfarbe aschfahl.

»Jein«, antwortete Ida-Marie. »Wir haben es nicht mit Hannibal Lecter zu tun. Also nicht mit jemandem, der Gefallen am Morden hat. Dr. Sörensen ist sich sicher, dass unser Täter die Morde nicht aus reiner Mordlust begeht, sondern aus tiefer persönlicher Rache.«

»Was könnt ihr sonst noch sagen?«, fragte Kregel.

»Nicht mehr allzu viel. Aber wir waren uns einig, dass der Täter nicht älter als Mitte vierzig ist. So wie die Taten abgelaufen sind, haben sie große körperliche Anstrengung gekostet. Das spricht eher für einen männlichen Täter jüngeren Alters.«

Die Runde blickte Ida-Marie gebannt an.

»Wir sollten also nur bedingt nach jemandem suchen, der in das übliche Klischee eines Gewaltverbrechers passt. Wahrscheinlicher ist, dass wir es mit dem typischen Normalbürger, wenn es den denn überhaupt gibt, zu tun haben. Ab und zu bricht er aus seinem Alltag aus, um seinen Racheplan auszuführen. Das Ganze ist in diesem Bericht nachzulesen.« Ida-Marie nahm einen Stapel Papier vom Tisch und hielt ihn hoch.

»Danke, Ida-Marie«, sagte Andresen und zwinkerte ihr zu. Wieder wich sie seinem Blick aus. »Ich denke, wir haben eine Menge darüber erfahren, mit was für einem Menschen wir es möglicherweise zu tun haben.« Er stand auf. »Wie bereits gesagt, schlage ich vor, unsere Ermittlungen auf Hanka Weichert sowie auf die Blücher-Grundschule zu konzentrieren. Mir ist bewusst, dass Ermittlungen an einer Schule höchst brisant sind. Aber uns bleibt keine andere Wahl.«

Er nahm sich einen dicken Filzschreiber und trat an das Flipchart. »Zunächst müssen wir mit den Lehrern reden, die damals Teil des Kollegiums waren. Dann mit dem Hausmeister. Die haben in der Regel den tiefsten Einblick in das Leben einer Schule. Und wahrscheinlich werden wir auch nicht darum herumkommen, mit einigen Schülern zu sprechen. Das wird nicht einfach werden, aber ich sehe keine Alternative dazu.«

»Mir scheint es sinnvoller zu sein, mit ehemaligen Schülern zu sprechen, die in dem Zeitraum an der Schule waren, als die drei Frauen gemeinsam unterrichtet haben«, warf Kregel ein. »Wir können uns die Namen geben lassen.«

»Ich will ja nicht rumnörgeln«, sagte Ida-Marie. »Aber wer soll denn diese ganzen Gespräche führen?«

Andresen sah sie überrascht an, ehe er sie wieder mit einem

milden Lächeln bedachte. »Im Augenblick ist das unsere einzige Chance. Oder hast du einen besseren Vorschlag?«

»In Ordnung«, sprang Sibius ihm zur Seite. »So gehen wir vor. Die Aufgaben müssen allerdings sinnvoll verteilt werden.«

»Ida-Marie, Ben und ich führen die Gespräche. Dazu muss einer hier die Stellung halten und die Recherchearbeiten übernehmen. Wir brauchen die Namen und Adressen aller in Frage kommenden Personen.«

Julia Winter räusperte sich. »Wenn ich das richtig sehe, bin ich die Einzige, die noch etwas Luft hat.«

»Schön. Ich schlage vor, wir legen sofort los.« Andresen beendete die Sitzung, ordnete seine Unterlagen und wandte sich zum Gehen. An der Tür blieb er stehen und blickte sich nach Ida-Marie um. Doch sie hatte das Besprechungszimmer bereits verlassen. So schnell, dass es ihm wie eine Flucht vor ihm erschien.

Eine halbe Stunde später hatte er sich einen Plan zurechtgelegt. Noch heute wollte er mit den Gesprächen an der Schule beginnen. Sein Handy vibrierte, eine SMS war eingegangen. Hastig drückte er auf die kleinen Tasten. Die Nachricht war von Wiebke.

Hallo. Hoffe, dein Tag hat gut angefangen. Schade, dass wir gestern nicht mehr gesprochen haben. Freue mich auf Samstag! HDL Wiebke.

Andresen starrte auf das Display und musste an die gestrige Nacht denken. Erneut schnürte ihm das schlechte Gewissen die Luft ab. Was für ein Idiot er nur gewesen war, dass er für eine Nacht mit Ida-Marie seine Beziehung mit Wiebke aufs Spiel setzte. Oder glaubte er ernsthaft, dass sich mehr zwischen ihm und seiner Kollegin entwickeln würde?

Er tippte auf den Tasten herum und versuchte eine Antwort zu formulieren, als es an seiner Tür klopfte. Es war Ida-Marie, die den Kopf hereinstreckte. »Wollen wir zusammen an die Schule fahren? Vielleicht können wir später auch noch reden.«

Andresen legte das Handy zur Seite und blickte sie an. »Ich wollte eigentlich …« Er stockte. »Okay, lass uns zusammen fahren. Je eher wir die Gespräche führen, desto besser. Und du hast recht, wir beide müssen auch noch etwas besprechen.«

Sie betraten die Grundschule an der Blücherstraße um kurz vor elf. Das erste Gespräch hatte Andresen mit Dieter Lohberg, dem Hausmeister der Schule, vereinbart. Er erwartete sie bereits im Foyer.

»Da sind Sie ja«, rief Lohberg schon von Weitem. Den grauen Haaren und dem leicht gebückten Gang nach zu urteilen, musste er kurz vor der Pensionierung stehen. Er trug eine abgewetzte Jeans und ein Holzfällerhemd, das seine besten Tage ebenfalls hinter sich hatte. Andresen hatte das unbestimmte Gefühl, schon einmal mit dem Mann zu tun gehabt zu haben.

»Guten Morgen, Herr Lohberg«, sagte er. »Ich bin Kriminalhauptkommissar Birger Andresen von der Kripo Lübeck. Und das ist meine Kollegin Hauptkommissarin Ida-Marie Berg.«

»Ja, ja, schon gut.« Lohberg ging ein paar Schritte voraus. »Gehen wir am besten gleich in mein Kabuff.«

Sie folgten ihm in eine kleine Abstellkammer am Ende des Flurs. Der Raum war so klein, dass drei Leute kaum Platz darin fanden. In der Mitte des Zimmers stand ein Schreibtisch mit zwei Stühlen.

»So, bitte.« Lohberg zeigte auf die Stühle. »Mehr kann ich Ihnen nicht anbieten. Ich kann auch stehen, allzu lange wird es ja hoffentlich nicht dauern.«

»Voraussichtlich nicht«, antwortete Andresen. »Hängt allerdings auch von Ihrer Hilfsbereitschaft ab.«

»Dann fangen wir am besten gleich an«, sagte Lohberg ungeduldig. »Ich muss zur nächsten Pause wieder auf dem Schulhof sein.«

Andresen begann, seine Fragen zu stellen, doch Lohberg zeigte sich unkooperativ und schweigsam.

»In meinen fünfundzwanzig Jahren an dieser Schule habe ich Dutzende Lehrer und Hunderte Schüler kommen und gehen sehen. Ich kann mich aber nicht daran erinnern, dass wir hier jemals größere Probleme gehabt hätten. Wenn Sie mich fragen, sollten Sie nach einem anderen Zusammenhang suchen. Hier werden Sie nichts finden, das Ihnen weiterhilft.«

»Das lassen Sie mal unsere Sorge sein«, sagte Ida-Marie knapp. »Können Sie sich denn an die drei Lehrerinnen erinnern?«

»Wie hießen die noch gleich?«, fragte Lohberg.

»Brigitte Jochimsen, Katharina Kock und Hanka Weichert.«

»Zwei der Namen sagen mir noch etwas. Katharina Kock habe ich allerdings noch nie gehört.« Lohberg kratzte sich am Knie, das durch die zerrissene Jeans zu sehen war.

Andresen nickte. Die Antwort ergab Sinn. Katharina Kock war schließlich nur wenige Monate an der Blücher-Schule tätig gewesen. »Irgendwelche besonderen Erinnerungen an Brigitte Jochimsen oder Hanka Weichert?«, hakte er nach.

»Nein«, entgegnete Lohberg gleichgültig. »Hab nie sonderlich viel Kontakt zum Kollegium gepflegt. Die tun ihren Job, ich meinen.«

»Verstehe«, sagte Andresen. Er hatte keine weiteren Fragen mehr. »Dann vielen Dank fürs Erste.« Sie verließen das Kabuff und traten auf den Flur. Andresen reichte dem Hausmeister seine Karte, als sein Handy klingelte.

»Andresen.«

»Hallo, Birger. Julia hier. Ich muss dringend mit dir sprechen. Wo steckst du gerade?«

»Wir sind an der Schule. Was ist denn los?«

»Du erinnerst dich bestimmt an das Tagebuch von Brigitte Jochimsen? Seit gestern Morgen durchforste ich es auf der Suche nach irgendetwas Brauchbarem. Bis eben.«

»Das heißt, du hast etwas gefunden?«

»Ich glaube, ich habe tatsächlich etwas entdeckt, das uns weiterbringen könnte. Allerdings brauche ich deine Hilfe. Kannst du kommen?«

»Hat das nicht Zeit bis nachher?«

»Vielleicht«, antwortete Julia unschlüssig. »Aber wenn du mich fragst, ist es wirklich wichtig für unsere Ermittlungen.«

»Na gut, bleib mal einen Augenblick dran«, sagte Andresen. »Ida-Marie, kannst du bitte Bescheid geben, dass wir unsere Gespräche heute Nachmittag fortsetzen?«

Ida-Marie nickte und wandte sich wieder Lohberg zu. Gemeinsam verschwanden sie im Sekretariat.

»Wir sind in zwanzig Minuten da«, sagte Andresen. »Dann können wir in Ruhe reden.«

Er legte auf. Es dauerte ein paar Minuten, ehe Ida-Marie zurückkam. Ihr Blick verriet, dass irgendetwas nicht in Ordnung war.

»Was ist los mit dir? Du siehst aus, als hättest du da drinnen eine weitere Leiche entdeckt.«

»So ähnlich«, antwortete Ida-Marie. »Diese Schulleiterin hat sich vielleicht gerade aufgeführt, als ich ihr gesagt habe, dass wir heute Nachmittag noch mal wiederkommen. Was uns denn einfallen würde, so den Ablauf an der Schule zu stören. Ob wir auch mal an die Lehrer gedacht hätten, die sich nachmittags um ihre eigenen Familien kümmern müssten? Und überhaupt die Schüler, die das Ganze total verunsichern würde. Dabei sind die heute Nachmittag längst zu Hause. Eine fürchterliche Frau!«

Andresen lachte und legte einen Arm um Ida-Maries Schulter. Sie entzog sich seiner Berührung jedoch sofort.

»Beruhig dich«, sagte Andresen. »So empfindlich kenne ich dich ja gar nicht.« Aber sein Beschwichtigungsversuch schlug fehl. Ida-Marie regte sich nur noch mehr über Gisela Sachs auf.

»Komm«, sagte Andresen schließlich. »Wir müssen jetzt los. Ich will wissen, was Julia so Wichtiges in dem Tagebuch gefunden hat.«

Er fluchte während der gesamten Fahrt. Der frostige Winter hatte den Straßen Lübecks den Rest gegeben. Andresen hatte es aufgegeben, den unzähligen Schlaglöchern, die sich wie umgedrehte Maulwurfshügel über die Stadt verteilten, auszuweichen. Schlimmer noch waren die halbherzigen Versuche, die Löcher mit Teer zu stopfen, der sich bereits bei schwächeren Regengüssen auflöste und statt auf der Straße am Unterboden seines Volvo klebte.

Ida-Maries Handy klingelte. Sie nahm ab und hörte dem Anrufer konzentriert zu. Nach einer knappen Minute legte sie wieder auf und wandte sich Andresen zu. »Du musst die Gespräche heute Nachmittag allein führen«, sagte sie. »Ich habe um zwei Uhr den Termin mit Oliver Rehm im Uniklinikum. Die Ärzte haben grünes Licht gegeben.«

Andresen nickte enttäuscht. »Wollten wir nicht noch reden?«, fragte er nach einer Weile des Schweigens.

»Eigentlich schon«, antwortete Ida-Marie vorsichtig. »Aber vielleicht ist das jetzt doch nicht der richtige Zeitpunkt. Kann ich dich heute Abend anrufen?«

»Ich kann auch vorbeikommen.«

»Keine gute Idee. Ich melde mich, okay?«
Andresen antwortete nicht. Er ahnte, was ihre kühle Reaktion zu bedeuten hatte. Die Wut auf sich selbst kam zurück. Wieso nur hatte er sich darauf eingelassen, mit ihr ins Bett zu springen? Er war es ja sogar gewesen, der das Ganze forciert hatte. Und jetzt servierte sie ihn eiskalt ab.

Zurück im Präsidium steuerte er ohne Umwege Julias Büro an. Er verzichtete darauf, anzuklopfen, und öffnete die Tür. Julia saß hinter ihrem Schreibtisch und telefonierte. Andresen wartete, bis sie aufgelegt hatte.

»Also, was hast du herausgefunden?«

Aus einer Schreibtischschublade zog sie Brigitte Jochimsens Tagebuch und legte es auf den Tisch. Sie blätterte bis zu einer Stelle, die mit einem gelben Zettel markiert war.

»Hier«, sagte sie ruhig. »Lies die nächsten beiden Seiten. Brigitte Jochimsen hat die Einträge vor etwa zehn Jahren gemacht. Ich werde nicht schlau daraus, aber ich bin mir sicher, dass sie etwas zu bedeuten haben.« Julia reichte ihm das Buch und lehnte sich in ihrem Schreibtischstuhl zurück.

Andresen zog sich den Besucherstuhl heran und nahm Platz. Dann richtete er seinen Blick auf das aufgeschlagene Tagebuch.

14. August
Dieser kleine Bengel hat sich heute wieder krankschreiben lassen. Das muss endlich aufhören. Ich werde mit ihr sprechen müssen.
Ansonsten verlief die Stunde ohne Zwischenfälle. Meine Vierte hat erstaunliche Fortschritte gemacht.
Abends waren wir bei Bernd und Ulrike zum Essen eingeladen. Es gab Fisch. Dabei weiß sie doch ganz genau, dass ich keinen Fisch mag. Insgesamt war der Abend aber ganz erträglich.

16. August
Was soll ich tun? Es muss dringend etwas geschehen. So kann es nicht weitergehen.
Es ist so kräftezehrend mit Günther, es wird von Tag zu Tag schlimmer.

21. August
Habe die beiden heute erwischt. Ich kann das nicht länger mit ansehen.

Andresen blätterte stirnrunzelnd um.

28. August
Es gibt angeblich jemanden, der einen Verdacht hat. Ich bin mir aber sicher, dass sie keine Details kennt. Trotzdem sollte ich ihr den Wind aus den Segeln nehmen.
Vielleicht ist es besser, wenn ich nicht länger schweige. Fühle mich immer unwohler in meiner Haut. Auch zu Hause halte ich es nicht mehr aus. Günther erkennt mich kaum noch.

24. September
Heute waren Bernd und Ulrike zum Kaffee da. Günther lag im Bett. Es war ein schrecklicher Nachmittag.

»Das ist alles«, durchbrach Julia die Stille. »Mehr ist nicht von Interesse. Nur die zwei Seiten. Die restlichen Einträge handeln ausschließlich von ihrem Mann und seiner Erkrankung.«

Andresen schlug das Tagebuch zu und blickte Julia nachdenklich an.

»Was hältst du davon?«

»Irgendetwas ist an dieser Schule vorgefallen und kommt zehn Jahre später ans Licht«, antwortete Andresen. »Vielleicht sind diese Notizen der Durchbruch. Mach bitte Kopien davon. Wir müssen uns über jedes einzelne Wort Gedanken machen, und wir müssen in Erfahrung bringen, wen Brigitte Jochimsen gemeint hat.«

Andresen wartete auf die Kopien, ehe er zurück in sein Büro ging. Er schloss die Tür und setzte sich an den Schreibtisch. Die Müdigkeit brach über ihn herein wie Dunkelheit an einem kalten Winternachmittag. Er hatte in der letzten Nacht kaum ein Auge zugemacht. Als wäre das nicht genug, lastete sein schlechtes Gewissen schwer auf ihm. Wie sollte er Wiebke jemals wieder unter die Augen treten?

Er schob die Gedanken an sein Privatleben beiseite und legte die Kopien der Tagebucheinträge vor sich auf den Tisch. Er musste dringend eine Ordnung in Brigitte Jochimsens Notizen bringen. So, dass er sie verstehen konnte.

Da war dieser kleine Bengel, der, so nahm es Andresen an, ein Schüler gewesen war. Dann gab es Bernd und Ulrike, Sohn und Schwiegertochter. Die beiden hatte Andresen bereits kennengelernt. Günther war ihr Mann gewesen, auch hier bestand kein Zweifel.

Sein Finger glitt weiter nach unten. *Es gibt angeblich jemanden, der einen Verdacht hat.* Wen meinte sie damit? Warum hatte sie den Namen nicht erwähnt? Auf jeden Fall war die Person weiblich, das ging aus den Zeilen hervor.

Andresen las die Zeilen noch einmal. Da war noch jemand. Brigitte Jochimsen erwähnte sie nur indirekt, aber sie schrieb, dass sie die beiden bei irgendetwas erwischt hätte.

Er stellte fest, dass er dabei war, den Überblick zu verlieren. Seine Konzentration war ihm abhandengekommen. Er nahm sich ein leeres Blatt und schrieb die Namen der Personen auf. Dabei bildete er zwei Spalten. In die linke trug er Bernd und Ulrike Jochimsen ein. Auf der rechten Hälfte notierte er »Bengel«, »Unbekannt 1 (weiblich)« und »Unbekannt 2«. *Günther* ordnete er nicht zu, da er für die Ermittlungen keine Rolle spielte.

Anschließend versuchte er, die Tagebucheinträge inhaltlich zu strukturieren. Offensichtlich gab es private und berufliche Themen, die Brigitte Jochimsen beschäftigt hatten. Aber was hatte sie gemeint, als sie schrieb: *Habe die beiden heute erwischt. Ich kann das nicht länger mit ansehen.*

Mit dem Eintrag vom 14. August bezog sich Brigitte Jochimsen ohne Zweifel auf Vorfälle an der Blücher-Schule. Es schien ein Zusammenhang zwischen dem Bengel und der Person zu bestehen, mit der sie noch einmal sprechen wollte. Vielleicht die Mutter des Jungen? Sein Blick fiel wieder auf den Eintrag vom 21. August. Wen hatte Brigitte Jochimsen erwischt? Und vor allem wobei? Er legte den Stift beiseite und fasste sich an die Schläfen. Was hatte Brigitte Jochimsen bloß gemeint?

Es gibt angeblich jemanden, der einen Verdacht hat. Ich bin mir aber sicher, dass sie keine Details kennt. Trotzdem sollte ich ihr den Wind aus den Segeln nehmen.

Vielleicht ist es besser, wenn ich nicht länger schweige. Fühle mich immer unwohler in meiner Haut.

Wer war dieser *Jemand*? Hatte *sie* etwa dieselben Befürchtungen wie Brigitte Jochimsen selbst gehabt? Oder waren *sie* und der oder die *Unbekannte* womöglich ein und dieselbe Person? Aber auch das schien Andresen unlogisch. Er kam einfach nicht weiter.

Irgendetwas war mit diesem Kind, dem *Bengel*. Da war er sich sicher. Ein Junge, der in die vierte Schulklasse ging, hatte sich *wieder krankschreiben lassen. Das muss endlich aufhören. Ich werde mit ihr sprechen müssen.*

Was nur sollte aufhören? War das die zentrale Frage ihrer Ermittlungen? Er musste noch einmal mit Gisela Sachs sprechen. Vielleicht wusste sie doch mehr, als sie ihm bei ihrem ersten Gespräch erzählt hatte. Wenn an der Blücher-Schule damals tatsächlich irgendetwas vorgefallen war, musste sie als Schulleiterin doch etwas mitbekommen haben.

Sein Telefon klingelte. Eine Lübecker Nummer.

»Andresen, Kripo Lübeck.«

»Janine Peters hier.«

Andresen stand auf dem Schlauch. Er konnte den Namen nicht zuordnen.

»Wir hatten im Sachers miteinander gesprochen. Es ging um die Morde, die hier in der Nähe verübt worden sind.«

»Ich erinnere mich. Was kann ich für Sie tun?«

»Mir ist doch noch etwas eingefallen«, sagte sie. »Sie hatten mich ja gefragt, ob mir irgendetwas Ungewöhnliches aufgefallen ist. Tatsächlich habe ich in den vergangenen Wochen des Öfteren einen Fahrradfahrer mit einem Anhänger beobachtet.«

»Können Sie etwas konkreter werden?«

»So ein schwarz gekleideter Typ fuhr hier ständig mit seinem Drahtesel am Kanal herum. Mich hätte das wahrscheinlich gar nicht gewundert, aber mir kam es vor, als beobachte der Mann irgendetwas.«

»Was kann das gewesen sein?« Andresen war plötzlich ganz Ohr.

»Es sah so aus, als spähe er die Umgebung aus«, antwortete Janine Peters. »Er stand manchmal am Kanal oder hinter den Bäumen.«

»Sie sagten, es sei ein Mann gewesen. Wie sah er aus?«

»Tut mir leid, aber so genau habe ich nicht hingeschaut. Dass die Person männlich war, habe ich an seinem Gang erkannt. Das ist aber auch alles.«

»Können Sie das Fahrrad und den Anhänger beschreiben?«

»Oje«, seufzte die Frau. »Es war ein blaues Herrenfahrrad älteren Jahrgangs. An dem Anhänger ist mir nichts Besonderes aufgefallen.«

»In Ordnung«, sagte Andresen. »Vielen Dank für Ihren Anruf. Sie müssen wahrscheinlich noch einmal aufs Präsidium kommen, damit wir Ihre Aussage zu Protokoll nehmen.« Er verabschiedete sich und legte auf.

Nachdenklich schüttelte er den Kopf. Sie hatten tatsächlich eine Zeugin gefunden, die wichtige Beobachtungen gemacht hatte. Er würde mit Sibius darüber sprechen, das Ufer an der Kanaltrave in den nächsten Tagen beobachten zu lassen.

Sein Magen knurrte. Er blickte auf seine Uhr. Kurz nach eins. Er entschied, in der Kantine schnell etwas zu essen, schnappte sich sein Portemonnaie und verließ das Büro. Auf dem Gang traf er Julia, die ihm einen Zettel in die Hand drückte.

»Das hier ist eine Liste der Personen, die damals an der Blücher-Schule unterrichtet haben. Ich habe diejenigen, die heute nicht mehr dort tätig sind, rot gekennzeichnet. Insgesamt bin ich auf neunzehn Lehrerinnen und Lehrer gekommen, wobei der überwiegende Anteil weiblich ist.«

»Danke«, sagte Andresen und warf einen flüchtigen Blick auf die Liste. Julia hatte die Namen von Brigitte Jochimsen, Katharina Kock und Hanka Weichert ebenfalls rot markiert, nachträglich jedoch mit einem Kugelschreiber durchgestrichen. Es blieben also nur noch sechzehn Personen übrig, mit denen sie sprechen mussten.

»Zwei weitere Frauen sind bereits verstorben, eine wohnt in Ratzeburg, eine ist derzeit im Schwangerschaftsurlaub, und einer der Lehrer lebt in Hamburg«, erklärte sie weiter.

Andresen nickte. »Wir hatten zwar vereinbart, dass du die Stellung im Präsidium hältst. Es wäre aber gut, wenn du nachher zusammen mit mir die restlichen Gespräche an der Schule führst. Bist du dabei?«

»Klar«, antwortete Julia. »Wir sind doch ein Team.«

21

Sie hatte die Panik sofort gespürt. Rasend schnell hatte sie sich durch ihren Körper gefressen wie ein heimtückischer Virus. Aber schon Sekunden später war sie gewichen, und sie hatte sich wieder beruhigen können. Das war ihre größte Stärke. Ruhe bewahren, sich nichts anmerken lassen. Einfach so tun, als ob alles in Ordnung wäre. Gelegentlich Betroffenheit zeigen, manchmal auch Entrüstung. All die Jahre hatte das funktioniert. So auch diesmal.

Sie hatte damit gerechnet, dass man irgendwann auch sie befragen würde. Das hieß noch gar nichts, das Gespräch war reine Routine gewesen. Außerdem war sie nicht die Einzige gewesen. Sie hatten mit etlichen Kollegen gesprochen.

Dass die Polizei jedenfalls keinen blassen Schimmer hatte, das war ihr schnell klar geworden. Die Fragen hatten nur am Rande des Ganzen gekratzt. Ob ihr damals irgendetwas aufgefallen sei? Wie gut sie Brigitte, Hanka und Katharina Kock gekannt hatte?

Gestern erst hatte sie das mit Hanka Weichert erfahren. Im Grunde genommen war diese Nachricht bereits der Auslöser für die Panikattacke gewesen. Auch sie war ihm jetzt also zum Opfer gefallen. Allerdings hatte sie entkommen können. Um Haaresbreite, wie die Polizistin berichtet hatte. Er spielte sein Spiel offenbar immer weiter, und niemand konnte ihn aufhalten. Niemand außer ihr selbst. Sie war die Einzige, die in der Lage war, es mit ihm aufzunehmen. Weil sie die Einzige war, die wusste, was ihn antrieb. Und weil sie wusste, dass sie die Nächste sein würde, auf die er es abgesehen hatte. Sie musste es also tun. Ihm zuvorkommen, seinem jämmerlichen Leben ein Ende setzen.

Ihr Plan stand fest. Morgen würde sie in aller Frühe aufbrechen. Sie wusste mittlerweile, wo er wohnte und wann er sie beobachtete. Sie war bestens vorbereitet. Nichts konnte mehr schiefgehen.

Sie nahm sein Foto und drückte es fest an ihre Brust. Damals hatte sie liebevolle Gefühle für ihn gehabt, heute waren es nur noch Abscheu und Verachtung. Sie spürte, dass die Zeit gekommen war, dem Ganzen endlich ein Ende zu bereiten.

22

Die Erinnerungen an seine eigene Schulzeit stiegen sofort wieder in Andresen hoch, als er gemeinsam mit Julia das Lehrerzimmer betrat.

»Willkommen zurück«, sagte Gisela Sachs scharf. »Wie Sie sehen, haben wir Sie erwartet. Die Kollegin Frau Busch ist leider krank. Sie können es notfalls bei ihr zu Hause versuchen.«

»Danke«, antwortete Andresen. »Können wir uns vorab noch einmal kurz unter vier Augen unterhalten?«

Sie nickte und wandte sich in Richtung ihres Büros.

»Du kannst ja schon mal anfangen«, sagte Andresen zu Julia. »Ich bin gleich wieder zurück.«

Er folgte der Schulleiterin in ihr Büro und schloss die Tür hinter sich. »Wir vermuten, dass der Grund für die Taten in der Vergangenheit zu suchen ist«, begann er. »Wir konzentrieren uns auf die Zeit, in der Brigitte Jochimsen, Katharina Kock und Hanka Weichert an der Blücher-Schule unterrichtet haben. Irgendetwas muss damals hier vorgefallen sein.«

Gisela Sachs wandte ihren Blick ab und stellte sich ans Fenster. Andresen hatte das Gefühl, dass sie etwas beschäftigte, aber sie schwieg beharrlich.

Er versuchte es anders. »Es tut mir leid, dass wir den Schulablauf stören müssen. Es ist sicher keine einfache Situation für Sie. Dennoch bitten wir Sie, uns alle Unterlagen von damals zur Verfügung zu stellen. Wir brauchen wirklich alles. Zeugnisse, Vermerke, Protokolle. Über Lehrer, Schüler, Eltern, alles, was Sie haben. Und das so schnell wie möglich.«

»Wie stellen Sie sich das vor?«, fragte Gisela Sachs. Sie wirkte seltsam gleichgültig. »Wir müssen sämtliche Archive und Schränke durchsuchen. Damals haben wir noch nicht mit Computern gearbeitet.«

»Geben Sie Ihrem Hausmeister Bescheid, dass er Ihnen helfen soll. Oder jemandem aus dem Kollegium. Und denken Sie bitte daran, dass wir keine Zeit mehr zu verlieren haben. Es eilt.«

»Wäre das alles?«

»Im Moment schon.«

»Gut, wir kümmern uns darum.« Gisela Sachs blickte noch immer aus dem Fenster.

Andresen bedankte sich und ging zurück ins Lehrerzimmer. Er erfuhr, dass Julia die Befragung des Kollegiums in einem benachbarten Klassenzimmer durchführte. Auf dem Weg dorthin klingelte sein Handy. Es war Ida-Marie.

»Was gibt es denn?«, meldete er sich.

»Ich habe gerade mit Oliver Rehm gesprochen«, sagte sie ohne Begrüßung. »Du wirst nicht glauben, was ich rausgefunden habe.«

»Los, sag schon.«

»Oliver Rehm und Hanka Weichert waren mal ein Paar. Ist das nicht ein Hammer?«

»Wann war das?«, fragte Andresen.

»Etwa vor zehn Jahren. Noch bevor er Katharina Kock kennengelernt hat. Aber er hat für zwei der drei Tatzeitpunkte ein Alibi.«

»Das muss nichts heißen«, entgegnete Andresen. »Alibis kann man sich kaufen.«

»Er hat gearbeitet. Sein Chef hat es mir bestätigt.«

»Mist«, fluchte Andresen.

»Nach einer halben Stunde mussten wir das Gespräch abbrechen«, berichtete Ida-Marie weiter. »Die Schwester befürchtete, Rehm könne einen Rückfall erleiden.«

»Wie schätzt du die Sache ein? Glaubst du, Rehm steckt doch dahinter?«

»Ich weiß nicht«, antwortete Ida-Marie. »Dann schon eher die Weichert. Vielleicht hat sie uns einen Bären aufgebunden.«

»Hast du jetzt noch ein wenig Zeit?«

»Kommt drauf an, wofür«, entgegnete sie kühl.

»Keine Angst. Ich habe verstanden, dass die Sache zwischen uns für dich nur eine einmalige Sache war.« Andresen war über seine Worte überrascht. Hatte er das Ganze tatsächlich verstanden und akzeptiert?

»Das ist gut. Also, wie kann ich helfen?«

»Es geht um die Gespräche mit den Lehrern der Blücher-Schule. Kannst du uns vielleicht doch unterstützen?« Andresen nannte ihr die Privatadresse einer Lehrerin. »Karin Busch ist zurzeit krankgeschrieben. Vielleicht kannst du sie zu Hause besuchen.«

»In Ordnung. Soll ich mich nachher noch mal bei dir melden? Wir sollten doch noch einmal miteinander reden.«

»Lass stecken«, antwortete Andresen. »Das Ganze war ein Riesenfehler, wir sollten es so schnell wie möglich vergessen.«

»Wie du meinst.«

»Es ist besser so. Für dich und vor allem für mich. Wir sehen uns morgen.« Andresen legte auf. Augenblicklich hielt er inne und wunderte sich. Hatte er das wirklich gerade gesagt? Er war über seinen Schatten gesprungen und hatte die Sache mit Ida-Marie geklärt, ohne noch einmal im Detail über ihre gemeinsame Nacht und seine Gefühle für sie sprechen zu müssen. In diesem Moment fühlte er so etwas wie Erleichterung.

Von Weitem sah er Julia, die gerade mit einer Lehrerin in einem der Klassenzimmer verschwand. Er dachte darüber nach, was Ida-Marie berichtet hatte. Oliver Rehm hatte also nicht nur Katharina Kock, sondern auch Hanka Weichert gekannt, sogar eine Beziehung mit ihr gehabt. Sie hatte ihm nichts davon erzählt. Warum auch? Vielleicht wusste sie nicht, dass er nach ihr mit Katharina Kock zusammen gewesen war. War Rehm plötzlich etwa wieder von Interesse für die Ermittlung? Wahrscheinlich nur aus Mangel an Alternativen.

Er verwarf den Gedanken, sich noch einmal um ihn zu kümmern, stattdessen wollte er Julia bei den Gesprächen unterstützen.

Als sie gegen halb fünf mit den Befragungen fertig waren, hatte er das Gefühl, keinen entscheidenden Schritt weitergekommen zu sein. Die Aussagen der Lehrerinnen und Lehrer waren übereinstimmend gewesen und hatten nur wenig neue Erkenntnisse gebracht. Brigitte Jochimsen wurde als angenehme Kollegin beschrieben, die im Umgang mit Kindern allerdings einen autoritären Stil pflegte. Die schwere Krankheit ihres Mannes war einigen ihrer Kollegen in Erinnerung geblieben. Eine ältere Lehrerin berichtete, sie hätte den Eindruck gehabt, dass Brigitte Jochimsen keinen guten Draht zu ihren eigenen Kindern gehabt hätte.

Über Katharina Kock wusste kaum jemand etwas zu berichten.

In der kurzen Zeit, in der sie an der Blücher-Schule gewesen war, hatte sie einen sympathischen, aber unauffälligen Eindruck hinterlassen.

Auch die Aussagen über Hanka Weichert waren durchweg positiv ausgefallen. Sie wurde als offene, freundliche Person beschrieben, die einem, falls es die Situation erforderte, zur Seite stand. Über diese Einschätzung war Andresen überrascht gewesen, hatte er doch Hanka Weichert verschlossener kennengelernt.

Die Tür zu Gisela Sachs' Büro öffnete sich, und die Schulleiterin trat auf sie zu. Ihr Blick wirkte streng und entschieden. »Wir haben alle Unterlagen zusammen«, sagte sie. »Herr Lohberg wird Ihnen beim Raustragen behilflich sein. Neun dicke Aktenordner. Ich hoffe, das wird Ihnen weiterhelfen.«

»Ganz bestimmt. Vielen Dank für Ihre Mühe.«

»Sind Sie mit Ihren Gesprächen fertig geworden?«

»Ja, wir werden den Schulablauf vorerst wohl nicht noch einmal stören müssen. Es sei denn, wir finden etwas in den Akten, dem wir nachgehen müssen.« Andresen verabschiedete sich und trug die Akten gemeinsam mit Julia und Lohberg zum Auto.

»Hast du heute Abend schon etwas vor?«, fragte Andresen, als sie wieder in seinem Volvo saßen.

Julia sah ihn scharf an. Dann lächelte sie. »Hast du nicht genügend Baustellen? Willst du jetzt ernsthaft auch noch mit mir ausgehen?«

»Moment mal«, sagte Andresen. »Sprichst du von Ida-Marie und mir? Woher weißt du das?«

»Das fragst du noch?«

»Hast du etwa Sibius davon erzählt?«

»Ich?«, fragte Julia erstaunt. »Ganz bestimmt nicht. Zähl einfach mal eins und eins zusammen, dann sollte dir klar werden, wer ein Interesse daran hat, die Sache mit Ida-Marie und dir weiterzutratschen.«

»Es gibt keine Sache mit Ida-Marie und mir.« Andresens Rechtfertigungsversuch scheiterte kläglich. Irritiert schüttelte er den Kopf. Er verstand nicht, was Julia ihm gerade sagen wollte.

»Was willst du denn nun eigentlich heute Abend von mir?«, fragte Julia. »Soll ich dir helfen?«

Andresen deutete auf die Rückbank. »Wir haben eine Menge Akten, die durchgearbeitet werden müssen. Und je schneller wir das erledigt haben, desto besser.«

»Von mir aus können wir eine Nachtschicht einlegen. Ich habe heute Abend noch nichts vor.«

Andresen lächelte und startete den Motor.

Zurück im Polizeipräsidium kam ihnen Ida-Marie auf dem Flur der Mordkommission entgegen.

»Suchst du uns?«, fragte Andresen. Obwohl er in ihrer Gegenwart noch immer ein flaues Gefühl in der Magengegend verspürte, versuchte er, sich nichts anmerken zu lassen.

»Eigentlich nicht«, antwortete sie fahrig. »Aber ich kann euch kurz von meinen Gesprächen heute Nachmittag berichten. Ben hatte mich gebeten, noch einmal mit Hanka Weichert wegen des Fotos, auf dem sie mit Brigitte Jochimsen und Katharina Kock zu sehen ist, zu sprechen.« Sie ging weiter in Richtung des Kopierers. »Ich muss nur noch schnell eine Kopie machen, dann bin ich bei euch.«

Andresen und Julia trugen die Aktenordner in den Besprechungsraum und breiteten sie auf dem Tisch aus. Am Automaten im Flur besorgte Andresen anschließend Kaffee für alle. Auch Ida-Marie war in der Zwischenzeit zurück.

»Wir haben hier sämtliche Akten der Blücher-Schule aus dem entsprechenden Jahr«, begann er, nachdem alle Platz genommen hatten. »Ich möchte, dass wir sie durchforsten, bestenfalls so lange, bis wir etwas gefunden haben, das uns weiterhilft. Aber erzähl doch vorher erst mal von deinen Gesprächen.« Andresen nickte Ida-Marie zu, ohne ihr in die Augen zu sehen.

Ida-Marie berichtete, dass Hanka Weichert das Foto und somit auch Katharina Kock sofort erkannt hatte. Es war allerdings, wie sie vermutet hatten. Die beiden Frauen hatten kaum etwas miteinander zu tun gehabt, sodass sich Hanka Weichert zunächst nicht mehr an sie erinnert hatte.

»Anschließend bin ich zu dieser krankgeschriebenen Lehrerin gefahren. Sie war gerade dabei zu packen und wollte verreisen. Auskurieren bei ihrer Schwester an der Nordsee.«

»Hast du trotzdem mit ihr sprechen können?«

»Ja, aber Fehlanzeige. Nichts, was uns helfen würde.«

»Dann wissen wir also, dass wir auf diesem Weg nicht weiterkommen«, resümierte Andresen. »Umso mehr hoffe ich darauf, dass uns die Akten helfen.«

Die drei nahmen sich jeder einen Ordner vor und tauchten ein in eine Welt, die sie selbst vor Jahren verlassen hatten. Eine Welt, die aus Zeugnissen, Klassenbüchern und Sitzungsprotokollen bestand. Gegen halb neun hatten sie fast alle Ordner durchgearbeitet, ohne auf einen nennenswerten Vorfall oder Unregelmäßigkeiten gestoßen zu sein.

»Langsam verliere ich die Hoffnung«, murmelte Julia.

»Nicht aufgeben«, sagte Andresen. »Wir haben immerhin noch die Schülervermerke vor uns.« Er versuchte, optimistisch zu klingen, scheiterte jedoch. Ihm war anzuhören, dass auch bei ihm allmählich die Hoffnung schwand, etwas Brauchbares zu finden.

»Warum sollen uns denn ausgerechnet Informationen über Viertklässler den entscheidenden Hinweis bringen?«

Andresen blickte Ida-Marie verwundert an. Ihm fiel ein, dass sie das Tagebuch nicht gelesen hatte. In aller Kürze klärte er sie über die Einträge von Brigitte Jochimsen auf. »Irgendwo muss etwas sein, das auffällig ist. Ich bin mir sicher. Brigitte Jochimsen hat von einem ›Bengel‹ geschrieben. Vielleicht finden wir heraus, wer dieser Bengel gewesen ist.«

»Du glaubst also, dass dieser Junge etwas mit der Sache zu tun hat?«, fragte Julia.

»Wenn ich das wüsste, hätte ich mir die letzten zwei Stunden sparen können. Wir müssen nach jedem Strohhalm greifen, auch wenn er noch so klein ist. Oder habt ihr eine bessere Idee?«

Julia schüttelte den Kopf und schlug stattdessen den letzten Aktenordner auf. Noch mehr Zeugnisse, Klassenarbeiten und Protokolle. Und außerdem die Schülervermerke. Ein Wust aus Papieren.

Andresen massierte seine Schläfen und konzentrierte sich ein letztes Mal. Zehn Jahre lag das Ganze zurück. Es war im August gewesen. Wahrscheinlich hatte die Vorgeschichte schon früher begonnen. Irgendetwas war an dieser Schule passiert oder zumindest in deren Umfeld. Zehn Jahre später sterben zwei Frauen, eine weitere kann dem Täter knapp entkommen. Alle drei Frauen waren Lehrerinnen an dieser Schule gewesen. Genau zur selben Zeit, vor zehn Jahren. Irgendetwas musste die Taten doch ausgelöst haben.

Ein Tagebuch mit kryptischen Einträgen. Noch mehr Unbekannte in den ohnehin schon schwierigen Ermittlungen. Eine Frau, die nur als *Jemand* bezeichnet wird. Zwei weitere Personen, die bei irgendetwas erwischt worden waren. Vielleicht war eine davon *Jemand* gewesen. Und dann gab es noch diesen Bengel, der sich hatte krankschreiben lassen.

Wonach suchte er bloß? Nur ein kleiner Kommentar vielleicht, ein Tadel, schlechtere Leistungen, eventuell ein Lehrergespräch.

Jimmy Vosberg. Wirkt seit den Sommerferien verstört. Stark in sich gekehrt. Vermutung: Probleme im sozialen Umfeld.

Im ersten Moment hatte Andresen einfach weitergelesen, ohne zu verstehen. Erst nach und nach wurde ihm die Bedeutung des Vermerks bewusst. Es waren nur diese wenigen Sätze, die ihn hellhörig gemacht hatten, aber sie hatten ausgereicht. Und plötzlich schrillten seine Alarmglocken.

Er suchte hektisch nach weiteren Vermerken, fand jedoch keine. Er ging die Protokolle der Lehrerkonferenzen durch. Nichts. Keine Rüge, kein Tadel. Nichts. Nur dieser eine kurze Vermerk. Er nahm sich das Zeugnis zur Hand. Aber auch das brachte keine Erkenntnisse. Es gab kein weiteres Anzeichen für einen gravierenden Einschnitt in Jimmy Vosbergs Leben. Nur diese eine Bemerkung von …

Andresen hielt inne. Wer hatte den Vermerk in den Unterlagen eigentlich vorgenommen? Er suchte vergeblich nach einem Namen oder einem Kürzel. Er verglich die Handschrift mit anderen Einträgen, es gelang ihm jedoch nicht, sie auf diese Weise zu identifizieren.

Andresen lehnte sich in seinem Stuhl zurück und faltete die Hände hinter dem Kopf. Wie hoch war die Wahrscheinlichkeit, dass dieser »Bengel« Jimmy Vosberg war?

»Ich weiß nicht, ob es wirklich etwas zu bedeuten hat, aber ich habe etwas gefunden«, sagte er schließlich.

Ida-Marie und Julia blickten auf und sahen ihn überrascht an.

Andresen zeigte auf den Akteneintrag und äußerte seine Vermutung, Jimmy Vosberg könne der Bengel sein, von dem Brigitte Jochimsen geschrieben hatte.

Gemeinsam überprüften sie die restlichen Seiten des Ordners, doch weitere Einträge zu Jimmy Vosberg schien es nicht zu geben. Er war der einzige Schüler einer vierten Klasse, über den ein Vermerk bezüglich einer Verhaltensveränderung existierte.

Es fanden sich andere Bemerkungen über Schüler, die den Unterricht fortlaufend störten oder kontinuierlich schlechte Noten schrieben. Aber keine über Probleme im sozialen Umfeld eines Schülers.

»Wir sollten für heute aufhören«, sagte Andresen. Auf der Wanduhr sah er, dass es bereits kurz nach neun war. »Es ist spät geworden. Wir werden gleich morgen früh noch einmal an die Schule fahren und mit der Schulleiterin sprechen. Vielleicht kann sie sich an Jimmy Vosberg erinnern.«

»Vosberg müsste heute knapp zwanzig Jahre alt sein«, sagte Ida-Marie nachdenklich.

Andresen schlug den Ordner noch einmal auf und blätterte durch die Seiten, bis er bei Jimmy Vosbergs Akte angelangt war. Sein Finger glitt über das Blatt. Er zog die Augenbrauen hoch und blickte auf. »Er wird am kommenden Sonntag zwanzig Jahre alt.«

»Vielleicht ist er wirklich der, den wir suchen«, sagte Julia.

»Möglich«, sinnierte Andresen. »Wir sollten ihn uns jedenfalls dringend einmal ansehen.«

Die Runde löste sich auf, lediglich Andresen blieb noch einige Minuten sitzen. In der vagen Hoffnung, eine Bestätigung dafür zu finden, dass sie tatsächlich auf dem richtigen Weg waren, ging er noch einmal alles durch. Aber ob Jimmy Vosberg tatsächlich als Täter in Frage kam und die Hintergründe all dessen in Zusammenhang mit der Blücher-Schule standen, war fürs Erste reine Spekulation.

»Birger?«, fragte plötzlich eine ihm bekannte Stimme. »Was machst du denn noch hier?«

Andresen wandte sich abrupt um. Ben Kregel stand vor ihm. Er trug regenfeste Kleidung und Gummistiefel. In der rechten Hand hielt er eine Taschenlampe.

»Die Frage kann ich genauso gut zurückgeben«, antwortete Andresen erstaunt. »Und wie siehst du überhaupt aus?«

»Ich mache mich gerade fertig, um in den Fischereihafen zu fahren. Heute Abend soll da ein Treffen stattfinden.«

»Woher weißt du das denn?«, fragte Andresen.

»Längere Geschichte«, antwortete Kregel. »Kommst du mit? Dann erzähle ich sie dir.«

Andresen verzog das Gesicht. Schmerzhafte Erinnerungen stiegen in ihm hoch. »Warum eigentlich nicht«, sagte er schließlich. »Man soll sich negativen Erlebnissen ja stellen, wie die Polizeipsychologen immer so schön predigen.«

Eine knappe halbe Stunde später fuhren sie auf der A 226 in Richtung Travemünde. Sie parkten das Auto am Ortsrand und gingen die letzten Meter zu Fuß. Kregel brachte Andresen auf den aktuellen Stand seiner Ermittlungen. Er hatte herausgefunden, dass im Fischereihafen ein erbitterter Kleinkrieg zwischen den Besitzern einiger Bootslokale tobte.

»So wie es aussieht, sind einige Osteuropäer gekommen und haben den Alteingesessenen die Preise kaputt gemacht«, erklärte er. »Unter anderem hat auch das ›Möwenschiet‹ darunter gelitten, was bekanntermaßen das Restaurant auf der ›Perle‹ ist.«

»Heißt das, du glaubst, dass Hanka Weichert aufgrund dieser Sache überfallen wurde?«, fragte Andresen skeptisch.

»Keine Ahnung«, antwortete Kregel. »Es gab in den vergangenen Monaten zumindest einige Vorkommnisse, bei denen die Fäuste geflogen sind.«

»Aber weshalb Hanka Weichert? Wir wissen nicht einmal, was sie überhaupt hier gemacht hat. Und was soll das mit Brigitte Jochimsen und Katharina Kock zu tun haben?«

»Das versuche ich herauszufinden. Bislang habe ich noch keinen Zusammenhang zwischen Dieter Lohberg und Hanka Weichert herstellen können.«

Andresen fuhr herum und blickte Kregel an. »Dieter Lohberg?«

»Ja, ihm gehört das Boot.«

»Dem Hausmeister der Blücher-Grundschule?«

»Was?«, fragte Kregel irritiert.

»Dieter Lohberg ist Hausmeister an der Blücher-Grundschule. Ich habe heute noch mit ihm gesprochen. Er hat nichts davon erwähnt, dass er Hanka Weichert näher kennt. Im Gegenteil.«

»Dieser Piet ist übrigens der Sohn von Lohberg. Er ist Koch und betreibt das ›Möwenschiet‹.«

»Was zum Teufel hat das zu bedeuten?«, murmelte Andresen.

»Vielleicht weniger, als du denkst, wenn es mit diesen Osteuropäern zu tun hat. Dass die beiden sich kennen, kann Zufall sein.«

»Lohberg hat mich angelogen«, sagte Andresen aufgebracht. »Er hätte mir sagen müssen, dass er Hanka Weichert kennt, als ich ihn auf sie angesprochen habe. Irgendetwas stimmt hier nicht.«

Sie näherten sich vorsichtig der »Perle«, als sie plötzlich zwei Männer in Friesennerzen aus der Dunkelheit auf sich zukommen sahen. Erst im letzten Moment glaubte Andresen zu erkennen, dass es die beiden Männer vom Boot waren, mit denen Hanka Weichert zusammengesessen hatte. Piet und Dieter Lohberg.

Er wandte sich ab, sodass sie sein Gesicht nicht sehen konnten. Die beiden gingen schweigend an ihnen vorbei und verschwanden hinter einer der Imbissbuden.

»Waren sie das?«, flüsterte Kregel.

»Ich glaube«, antwortete Andresen leise.

»Lass uns weitergehen, bis sie außer Reichweite sind.« Kregel blickte auf seine Uhr. »Das Treffen soll in einer halben Stunde stattfinden. Etwas Zeit haben wir also noch.«

»Welches Treffen überhaupt?«, fragte Andresen.

»Wir sind im Zuge der Ermittlungen gegen die Bandidos darauf gestoßen. Lohberg und sein Sohn haben sie offenbar um Hilfe im Kampf gegen die Osteuropäer gebeten. Heute Abend sollen sie sich hier treffen.«

Andresen schüttelte den Kopf. Was sollten diese Rocker mit den Morden an Brigitte Jochimsen und Katharina Kock zu tun haben?

Sie betraten einen der Holzstege und gingen bis ganz nach vorn. Von hier aus war der Hafen in ganzer Breite einzusehen. Wieder einmal legte eines der großen Fährschiffe vom Skandinavienkai ab und fuhr die Trave hinab in Richtung offenes Meer. Da war es erneut, dieses geheimnisvolle Stampfen und Dröhnen der Schiffsmotoren.

»Es brennt kein Licht auf dem Kahn«, sagte Kregel. »Ich schlage vor, wir schauen uns die ›Perle‹ mal etwas genauer an. Mal sehen, was wir finden.«

Andresen nickte wortlos. Sie gingen zurück an Land und schlichen in Richtung des Bootes. Die Dunkelheit gab ihnen den nötigen Schutz, verhinderte jedoch zugleich, dass sie Details ihrer Umgebung erkennen konnten. Sie sprangen auf die »Perle« und kletterten auf das Dach des Restaurants ›Zum Möwenschiet‹. Die Außenverkleidung deutete darauf hin, dass es seine besten Zeiten längst hinter sich hatte.

Kregel kroch auf allen vieren zur Mitte des Aufbaus, wo sich eine Luke befand, die halb geöffnet war. Andresen tat es ihm gleich. Dann zwängte sich Kregel durch die Luke und schwang sich ins Innere des Bootes. Andresen folgte ihm so leise wie möglich. Während er hinunterkletterte, zog er die Luke hinter sich zu.

Im Innern der »Perle« roch es unangenehm. Kalter Zigarettenqualm und der Geruch von Bier und Schnaps hingen in der Luft. Sie gingen weiter in Richtung Vorschiff. Irgendwo hier hatten Hanka Weichert und die zwei Männer gesessen, während Andresen sie beobachtet hatte. Da war das kleine Fenster, er erkannte es sofort wieder. Und da der Tisch. Er war übersät mit Papieren und Aufzeichnungen. Auch einige Bücher lagen verstreut herum.

Sie setzten sich und blätterten die Unterlagen rasch durch. Es handelte sich um Schiffsbaupläne und Informationen zum Stabilitätsverhalten von Schiffen in Ausnahmesituationen. Auch einige handschriftliche Notizen lagen dazwischen.

»Ich habe dir doch von dem Schiff erzählt, das hier im Fischereihafen vor einiger Zeit gekentert ist.«

»Was ist damit?«

»Es war das Schiff eines polnischen Fischers, der erst vor ein paar Monaten hierhergekommen ist und seine Fischbratbude aufgemacht hat. Auf den Zeichnungen hier ist dieses Schiff zu sehen.«

Andresen blickte Kregel fragend an.

»Schau selbst«, sagte Kregel und reichte ihm die Zeichnung. »Siehst du die Markierungen? An einer dieser Stellen wurde das Schiff beschädigt, damit Wasser einlaufen konnte. Ich habe den Vorfall heute noch einmal überprüft, das war kein Unfall.«

»Du meinst also, dass …«

»Genau das meine ich. Lohberg und sein Sohn haben auf diese Weise einen ihrer Konkurrenten aus dem Weg geräumt. Mit Hilfe der Bandidos.«

»Hast du Beweise dafür?«

Kregel schüttelte den Kopf.

»Und der Überfall auf Hanka Weichert? Sollen das etwa diese Osteuropäer gewesen sein? Das ergibt doch überhaupt keinen Sinn. Die Parallelen zu den beiden anderen Mordfällen sind offensichtlich. Und mit denen hatten diese Typen doch wohl nichts zu tun, oder?«

»Wenn ich das wüsste, bräuchten wir hier nicht herumzuschleichen«, antwortete Kregel. »Es kann genauso gut sein, dass wir es mit zwei verschiedenen Fällen zu tun haben.«

Andresen stand frustriert auf und ging durch die Bankreihen des Restaurants. Vor ihm lag die ehemalige Bar, hinter der noch immer Dutzende Flaschen in Regalen standen.

Plötzlich hörte er ein Trampeln. Auf den Holzbohlen direkt über ihm. Waren Lohberg und Piet etwa schon zurück?

»Ben, hast du das gehört? Wir müssen abhauen.«

Kregel blickte auf. »Was ist denn los? Warum schreist du so herum?« Er war noch immer so auf die Schiffspläne konzentriert, dass er offenbar nichts um sich herum wahrgenommen hatte.

»Frag nicht! Komm einfach mit!« Andresen zerrte an Kregels Arm und zog ihn hinter sich her.

Sie liefen den Weg zurück, den sie gekommen waren. Vorbei an der Kombüse und zwei kleinen Lagerräumen. Bis die Luke vor ihnen auftauchte. Kregel schwang sich hoch und stieß sie auf.

»Sei vorsichtig! Wer weiß, wo sie hingelaufen sind«, flüsterte Andresen.

Kregel nickte und hangelte sich auf das Deck des Bootes.

Andresen hielt inne. Im ersten Moment konnte er nicht zuordnen, woher der Geruch kam, der plötzlich in seiner Nase kitzelte. Doch dann roch er das Gas. Als er einen letzten Blick ins Innere des Schiffes warf, war er sich sicher. Er zog sich hoch, quetschte sich durch die Luke und knallte sie hinter sich zu.

»Lauf, so schnell du kannst!«, rief er Kregel zu, der bereits zum

Sprung an Land ansetzte. Er vernahm ein Knarzen aus dem Schiffsrumpf direkt unter ihm.

Nur noch ein paar Meter und dann der Sprung. Das Schiff würde jeden Augenblick in die Luft fliegen.

Er landete sicher an Land und lief weiter. Im Augenwinkel registrierte er die Fähre, die an ihnen vorbeifuhr. Das Licht, das sie auf den Fischereihafen warf, reichte aus, um zu sehen, wie sich Kregel auf einen schwarz gekleideten Mann stürzte und ihn zu Fall brachte.

Die Explosion selbst war nicht so laut, wie Andresen erwartet hatte. Sie breitete sich jedoch mit Schallgeschwindigkeit im gesamten Fischereihafen aus. Es war wie ein Feuerwerk, das außer Kontrolle geraten war. Glassplitter und Holzteile flogen durch die Luft. Pfannen und Kochtöpfe aus der Kombüse der »Perle« wurden zu gefährlichen Wurfgeschossen. Innerhalb weniger Augenblicke brannte der hintere Teil des Aufbaus lichterloh.

Andresen stand zwischen den brennenden Trümmern und blickte sich um. Schwarzer Rauch zog über ihn hinweg. Wo war Kregel? Er sah ihn in einiger Entfernung am Boden liegen. Der Schwarzgekleidete hatte sich offenbar von ihm losgerissen und lief rasch davon.

Wer war dieser Mann? Lohberg jedenfalls nicht, das konnte er an der Statur erkennen. Auch sein Sohn schien nicht in Frage zu kommen. Obwohl Andresen so schnell rannte, wie es seine Beine zuließen, konnte er den Unbekannten bereits nicht mehr sehen. Er war in der Dunkelheit der Nacht verschwunden.

Als er Kregel erreichte, war er völlig außer Atem. Er kramte sein Handy hervor und forderte Verstärkung an.

»Wir brauchen alle verfügbaren Einsatzwagen, Krankenwagen und Löschzüge«, rief er ins Telefon. »Auch von der Wasserseite.«

Aus der Dunkelheit vernahm er plötzlich aufgebrachte Stimmen. Ein Streit. Er und Kregel rannten los und bogen hinter einer der Buden auf einen kleinen Pfad ab. Eine verbogene Laterne warf fahles Licht auf den Weg. Kregel humpelte leicht. Er hatte sich bei seinem Kampf mit dem unbekannten Mann offensichtlich am Knöchel verletzt.

In einiger Entfernung sah Andresen zwei Personen, die in eine wüste Prügelei verwickelt waren. Einer von ihnen war der schwarz gekleidete Mann, der andere sah aus wie Piet.

»Bleib du hier«, rief Andresen und lief weiter.

Während das Martinshorn im Hintergrund bereits zu hören war, sah er, dass der Unbekannte Piet niedergeschlagen hatte und nun wegrannte. Er versuchte, die Verfolgung aufzunehmen, musste sich aber schon nach wenigen Metern eingestehen, dass es sinnlos war. Der Mann war viel zu schnell; er würde es nicht schaffen, ihn einzuholen. Andresen hoffte auf die Verstärkung, die jeden Moment hier sein musste.

Er packte Piet am Arm und half ihm auf die Beine. »Ich glaube, wir werden uns jetzt mal in Ruhe unterhalten«, sagte er knapp. »Als Erstes sagen Sie mir, wer das hier eben war.«

»Ich habe keine Ahnung.« Piet stöhnte vor Schmerz. »Das müssen Sie mir glauben.« Offenbar hatte ihm der Unbekannte in den Unterleib getreten.

»Wieso sollte ich?«

»Er trug eine Strumpfmaske, ich habe sein Gesicht gar nicht gesehen. Es ging alles viel zu schnell.«

Andresen führte Piet wortlos zurück zur »Perle«. Die Feuerwehr war bereits eingetroffen und versuchte das, was von dem Schiff übrig geblieben war, zu retten. Endlich kamen auch die Kollegen von der Streife. Andresen übergab ihnen Piet. Auch Dieter Lohberg war mittlerweile aufgetaucht und kniete niedergeschlagen vor den Trümmern seines Bootes. Im Fischereihafen herrschte Chaos. Scheinwerfer leuchteten, Menschen rannten hin und her, Polizisten riefen Anweisungen, sogar einige Presseleute hatten bereits Wind von der Sache bekommen.

Andresen nutzte das Getümmel, um sich vom Geschehen zu entfernen. Hastig lief er in Richtung Ortskern. Es war kurz vor Mitternacht. Obwohl er sich wie gerädert fühlte, war die Müdigkeit gewichen. Das Adrenalin pumpte noch immer durch seinen Körper. Es würde wohl noch eine Weile dauern, ehe er sich beruhigte und schlafen konnte. Trotzdem würde er Lohberg und Piet gleich morgen früh befragen. Vielleicht würde es den Kollegen der Streife ja sogar gelingen, den Unbekannten in den dunklen Straßen Travemündes zu finden.

Am Straßenrand sah er ein Taxi stehen. Der Fahrer saß mit geschlossenen Augen und offenem Mund hinter dem Lenkrad. Andresen klopfte an die Fensterscheibe der Fahrertür. Der Mann schreckte auf und kurbelte die Scheibe herunter.

»Können Sie mich nach Lübeck fahren?«

Der Taxifahrer musterte Andresen eindringlich. »Sie sind nicht der, auf den ich warten soll. Tut mir leid.«

Andresen dachte einen Moment lang darüber nach. Dann glaubte er zu verstehen, was der Mann gemeint hatte.

»Derjenige wird auch nicht mehr kommen«, sagte er schließlich und stieg in den Wagen ein.

23

Er atmete tief durch, als er die Tür hinter sich schloss. Das Boot war in einem schönen Feuerball in die Luft geflogen. Ob dabei jemand ums Leben gekommen war, würde er morgen aus der Zeitung erfahren. Eine bessere Vorbereitung war aufgrund der Zeitnot nicht möglich gewesen, andernfalls hätte er gewartet, bis Hanka Weichert und dieser Lohberg auf jeden Fall an Bord gewesen wären.

Noch immer waren seine Adern voller Adrenalin. Es war verdammt knapp gewesen. Noch knapper als bei dem Versuch, Hanka Weichert umzubringen. Diesmal hatte er den Atem der Bullen bereits gespürt. Und dann war da noch dieser nichtsnutzige Sohn von Lohberg gewesen, der sich ihm in den Weg gestellt hatte. Aber so leicht war er nicht zu kriegen. Nicht bevor er seine Sache durchgezogen hatte.

Seinen ursprünglichen Plan hatte er endgültig verworfen. Stattdessen musste er wieder einmal die Reset-Taste drücken und von Neuem beginnen. Wie er es schon so oft getan hatte. Aber auch für diesen Fall hatte er vorgesorgt. Die Flasche Absinth hatte er schon letzte Woche gekauft.

Jahrelang war er benebelt von diesem Zeug durchs Leben getorkelt. Bis er sich eines Tages fast zu Tode gesoffen hätte. Er hatte im tiefen Winter im Drägerpark getrunken, bis er die Besinnung verloren hatte. Er war erst im Krankenhaus wieder aufgewacht, als die Ärzte ihm um ein Haar zwei Zehen seines linken Fußes hatten amputieren müssen. Die Erfrierungen waren so gravierend gewesen, dass er noch heute Probleme hatte, den Fuß zu belasten.

Damals hatte er sich geschworen, nicht länger leiden zu wollen. Er wollte endlich Rache nehmen. Rache an allen, die Schuld an seinem missratenen Leben trugen. Und allen voran an ihr. Der Frau, die ihn kaputtgemacht hatte.

Kein Getränk war härter als Absinth, nichts machte seine Gedanken klarer als dieses Teufelszeug. Wenn er nicht zu viel davon trank. Morgen war der wichtigste Tag seines Lebens, nichts durfte ihn von seinem Plan ablenken. Schon gar nicht ein Durcheinander in seinem Kopf.

Es ärgerte ihn, dass sie ihn gezwungen hatten, alles neu zu überdenken. Plötzlich waren sie an der Schule aufgekreuzt und hatten mit ihren Gesprächen für Unruhe gesorgt. Was wussten sie? Offenbar hatten sie ihre Schlüsse schneller gezogen, als ihm lieb sein konnte.

Der erste Schluck schmeckte fürchterlich. Wie eine Mischung aus Benzin und Lakritz, die sich den Weg hinunter in seinen Magen brannte und alles, was ihr in den Weg kam, zu verätzen schien.

Er musste an das Paket denken, das sie ihm geschickt hatte. Seine Wut war ins Unermessliche gestiegen, und er hatte nicht länger an sich halten können. Dass die Katze der Nachbarin dran glauben musste, war Zufall gewesen. Er hatte sie durch sein Fenster beobachtet, als sie die Straße kreuzte. In der hereinbrechenden Dämmerung hatte er sie mit etwas Schinken angelockt. Das Chloroform hatte auch bei ihr gewirkt. Im Nachhinein hatte er sich geärgert, es nicht vorher schon an Tieren getestet zu haben. Dann wäre ihm dieses Missgeschick mit Hanka Weichert möglicherweise erspart geblieben.

Er war hinunter zum Kanal geschlichen. Die Katze hatte er in seinem Rucksack verstaut. Nachdem er so lange gewartet hatte, bis er sicher sein konnte, dass er ungestört war, hatte er sie herausgeholt und an die Uferkante getragen.

Als er sie davontreiben sah, hatte er darüber nachgedacht, ob er im Laufe der Jahre krank im Kopf geworden war. Vielleicht bezeichneten ihn manche sogar als irre oder gar pervers. Was würde er diesen Leuten antworten? Möglicherweise die Wahrheit, auch wenn sie so schmerzvoll war.

Die Wahrheit war ganz einfach und doch so schwierig. Natürlich war er krank. Nicht krank von Geburt an, sondern krank geworden. Krank gemacht worden, ohne dass jemand Kenntnis davon genommen hatte.

Ein Drittel der Flasche war bereits leer. Sein Rachen brannte. Er musste vorsichtig sein. Aber die Sucht war groß. Die Verführung des Vergessens. Wenn das Gefühl doch nur ewig anhalten würde. Das war sein größter Wunsch: die bösen Geister vertreiben. Es war ihm nie gelungen. Immer waren sie zurückgekehrt. Aber eines hatte er sich fest vorgenommen: Morgen würde er sie ein für alle Mal zur Hölle jagen.

Er spürte, dass er zunehmend Probleme hatte, sich auf dem Sessel zu halten. Immer wieder sackte er zur Seite und verlor das Gleichgewicht. Er musste aufhören mit der Sauferei, andernfalls wäre alles umsonst gewesen.

Plötzlich musste er wieder an die Katze denken. Es tat ihm leid, dass er sie getötet hatte. Er verspürte mit einem Mal eine tiefe Traurigkeit. Warum nur hatte er das gemacht? Die Katze hatte ihm nichts getan, ein unschuldiges Leben hatte er ohne mit der Wimper zu zucken zerstört. Alles nur wegen seines unbändigen Hasses auf diese Frau.

Von Minute zu Minute verlor er mehr die Kontrolle über sich. Es gelang ihm nicht mehr zu unterscheiden zwischen dem, was seiner Ansicht nach notwendig war, und dem, was seiner Krankheit geschuldet war.

Er stand auf und wankte durchs Zimmer. Mit der linken Hand umklammerte er die Flasche Absinth. Ein letzter Schluck, das musste genügen. Morgen musste er einen klaren Kopf haben. Sein halbes Leben lang hatte er auf diesen Tag gewartet. Nur er zählte in diesem Augenblick. Schließlich wusste er nicht einmal, ob es ein Übermorgen für ihn gab.

Im nächsten Augenblick sackten seine Beine weg. Er taumelte, dann fiel er vornüber auf den harten Fliesenboden.

24

Der gestrige Abend hatte Andresen zugesetzt. Körperlich ging er seit seinem Sturz ohnehin auf dem Zahnfleisch. Aber die Explosion des Bootes und der Unbekannte, der geflüchtet war, hatten ihm den Rest gegeben.

Er kam kaum aus dem Bett, zog sich stattdessen immer wieder die Decke über den Kopf. Aber sein Wecker war erbarmungslos. Ein Blick auf die Digitalanzeige zeigte ihm, dass es bereits acht Uhr war. Er musste los. Ein Haufen Arbeit wartete auf ihn. Die Verhöre von Dieter Lohberg, dessen Sohn Piet und dem Taxifahrer standen an. Und nicht zuletzt ein weiteres Gespräch mit Hanka Weichert. Über allem schwebte seit gestern Abend außerdem der Name Jimmy Vosberg. Der damalige Schüler der Blücher-Schule, der womöglich der »Bengel« war, über den Brigitte Jochimsen in ihrem Tagebuch geschrieben hatte.

Angekommen im Präsidium stand Andresen gedankenverloren am Kaffeeautomaten, als ein junger Mann aus dem Fahrstuhl trat und auf ihn zukam.

»Möchten Sie zu mir?«

»Wenn Sie Kommissar Andresen sind?«

Andresen nippte an seinem Kaffee und musterte den Mann. »Ja, das bin ich. Was kann ich für Sie tun?«

»Mein Name ist Jens Schröder. Ich komme wegen des Einbruchs in unserer Firma. Sie hatten bislang mit meinem Chef, Herrn Ensink, zu tun.«

Andresen nickte seufzend. Ensink und die Sache mit dem Einbruch fehlten ihm gerade noch. Er versuchte, den jungen Mann abzuwimmeln. »Ist es sehr dringend? Oder kann Ihnen vielleicht auch ein Kollege …?«

»Es ist dringend«, unterbrach ihn Schröder. »Mein Job steht auf dem Spiel, und ich kann Ihnen sagen, wer wahrscheinlich für den Einbruch und die Brandstiftung verantwortlich ist.«

»Na gut, gehen wir am besten in mein Büro.«

Andresen schloss die Tür auf und bot dem jungen Mann einen Stuhl an. »Setzen Sie sich bitte.«

Schröder nickte mit gesenktem Kopf.

»Dann legen Sie mal los.«

»Das hier ist alles andere als leicht für mich«, begann Schröder zögerlich. »Ich weiß, dass ich selbst unter Verdacht stehe, aber Sie müssen mir glauben, dass ich tatsächlich nur zum Bauernopfer für meinen Chef geworden bin.«

»Ich bin gespannt, was Sie zu erzählen haben.«

Schröder fixierte Andresen. Sein Blick flackerte. »Sie müssen wissen, dass unser Unternehmen vor einigen Wochen einen wichtigen Kunden verloren hat. Ich war nicht ganz unschuldig daran, aber das ist eine andere Sache.«

»Kommen Sie bitte auf den Punkt«, sagte Andresen ungeduldig.

»Seitdem hat mich Ensink auf dem Kieker«, fuhr Schröder fort.

»Ich verstehe noch nicht ganz.«

»Diesen Einbruch hat jemand anderes begangen. Ensink passte es aber wunderbar in den Kram, es mir in die Schuhe zu schieben und mich loszuwerden.«

»Und Sie wissen, wer den Einbruch in Wahrheit begangen hat?«

»Ja«, bestätigte Schröder. »Ein Praktikant, der in dem besagten Zeitraum bei uns war. Ich habe es damals herausgefunden, aber meine Klappe gehalten, weil ich den Kerl mochte und er wirklich arm dran war. Er hatte Schulden und andere private Probleme. Außerdem hat es mich für Ensink gefreut, ich konnte ihn noch nie leiden. Das Ganze war natürlich vollkommen idiotisch von mir.«

»Allerdings«, entgegnete Andresen trocken. »Wie heißt dieser Praktikant?«

»Sein Name ist Jimmy Vosberg. Gehen Sie bitte rücksichtsvoll mit ihm um.«

Andresen verschluckte sich an seinem Kaffee und starrte Schröder fassungslos an.

»Jimmy hat ein paar krumme Dinger gedreht, um sich durchzuschlagen. Arbeiten war nichts für ihn. Bei uns hat er nicht einmal sechs Wochen durchgehalten. Aber ich glaube wirklich, dass er kein schlechter Mensch ist.«

»Hatten Sie näheren Kontakt zu Vosberg?«
»Nein, nur in der Firma.«
»Können Sie sich daran erinnern, dass er Ihnen irgendwann etwas aus seiner Vergangenheit erzählt hat?«
»Was meinen Sie?«, fragte Schröder irritiert.
»Irgendetwas Ungewöhnliches. Etwas, von dem Sie meinen, es uns erzählen zu müssen.«
Schröder schüttelte den Kopf und blickte Andresen schulterzuckend an.
»In Ordnung«, sagte Andresen. »Ihnen ist hoffentlich klar, dass Sie wichtige Hinweise unterschlagen haben. Die Sache dürfte hiermit noch nicht für Sie erledigt sein. Vosberg knöpfen wir uns so schnell wie möglich vor. Genau wie Ihren Chef. Wenn Sie Ensink noch einmal sprechen, können Sie ihm sagen, dass er sich dank seiner Falschaussage auf einiges gefasst machen kann.«
Er verabschiedete Schröder und dachte einen Augenblick nach. Dann nahm er seine Jacke und verließ das Büro. Er musste so schnell wie möglich noch einmal mit Gisela Sachs sprechen. Sie sollte ihm alles über Jimmy Vosberg sagen, an das sie sich erinnern konnte. Die anderen Gespräche mussten warten. Das, was ihm Jens Schröder gerade erzählt hatte, warf ein völlig neues Licht auf Vosberg.
Auf dem Flur stieß er um ein Haar mit Kregel zusammen. Er sah übermüdet und gestresst aus.
»Gut, dass ich dich treffe«, sagte Andresen. »Ihr habt ihn nicht gefasst, oder?«
Kregel schüttelte wortlos den Kopf.
»Dürfte wohl einer von Lohbergs osteuropäischen Konkurrenten gewesen sein?«
»Sieht ganz danach aus.«
»Und wie ist es sonst so gelaufen?«
»Frag lieber nicht«, antwortete Kregel. »Ich war um halb zwei im Bett. Wohin bist du eigentlich so plötzlich verschwunden?«
»Ich war fix und fertig und hab mir ein Taxi genommen. Übrigens genau das, mit dem der Unbekannte wegfahren wollte. Er hatte es telefonisch bestellt, um nach Lübeck gebracht zu werden. Eine Adresse hatte er nicht genannt. Seine Stimme klang tief und

akzentfrei, sagt die Zentrale. Wir müssen auch überprüfen, welche Taxifahrten es an diesem Abend von Lübeck nach Travemünde gab. Falls er nicht den Bus oder die Bahn genommen hat. Aber erzähl mal, was habt ihr denn noch die halbe Nacht gemacht?«

»Lohberg hat uns ein bisschen was erzählt.«

»Und? Was kam dabei heraus?«

»Nicht viel, zumindest was die Explosion angeht. Er kann sich nicht erklären, wer so etwas macht. Aber immerhin wissen wir jetzt, was Lohberg und Hanka Weichert miteinander verbindet.«

»Sag schon.«

»Piet und Hanka Weichert sind seit einigen Wochen ein Paar.«

»Die Lehrerin und der Sohn vom Hausmeister«, sagte Andresen ungläubig. »Die sind doch mindestens zehn Jahre auseinander.«

»Zwölf«, korrigierte Kregel. »Als du zum ersten Mal auf der ›Perle‹ warst«, fuhr er fort, »da hast du erzählt, dass Lohberg und Hanka Weichert diesem Piet irgendetwas Wichtiges sagen wollten, bevor du ...«

»Ja«, sagte Andresen. »Es klang so, als wollten sie ihm etwas beichten. Vielleicht ein altes Geheimnis, das sie zehn Jahre lang mit sich rumgeschleppt haben.«

»Also wissen sie mehr, als sie bislang verraten haben?«

Andresen zuckte mit den Schultern. Obwohl er sich sicher war, dass Hanka Weichert bei ihren Gesprächen nicht die volle Wahrheit erzählt hatte, wusste er noch immer nicht, nach welchem Geheimnis sie eigentlich suchten. Es war, als täten sich immer neue Verbindungen und Abgründe auf.

Eine halbe Stunde später empfing Gisela Sachs Andresen in ihrem Büro. Sie wirkte angespannt. Nichts war mehr übrig von ihrer resoluten, autoritären Ausstrahlung.

»Gut, dass Sie sich so kurzfristig Zeit nehmen konnten«, begann Andresen.

»Was wollen Sie denn noch?« Sie klang nervös.

»Wir haben die Unterlagen durchgearbeitet, jede einzelne Seite«, antwortete Andresen. »Es war tatsächlich nichts zu finden, was in irgendeiner Weise auffällig gewesen wäre.«

»Das habe ich Ihnen doch schon mehrmals gesagt. Sie suchen

am falschen Ort. Hier werden Sie keine Hinweise auf diesen Verrückten finden.«

»Einen Moment, ich war noch nicht ganz fertig«, schob Andresen nach. »Als wir selbst schon nicht mehr daran geglaubt haben, sind wir allerdings über eine Kleinigkeit gestolpert.« Er kramte in seiner Jackentasche und zog einen gefalteten Zettel hervor. »Ein Eintrag über einen damaligen Schüler der vierten Klasse, der uns merkwürdig vorkam. Vielleicht können Sie etwas dazu sagen?«

Widerwillig setzte Gisela Sachs ihre Brille auf und blickte auf die kopierte Seite. »Was ist damit?«, fragte sie nach einer Weile.

»Jimmy Vosberg«, antwortete Andresen. »Sagt Ihnen der Name etwas?«

Der Moment, den sie zögerte, ehe sie ihre Antwort gab, dauerte zu lange. Andresen spürte sofort, dass sie auf der Hut war.

»Ich glaube, ich erinnere mich«, antwortete sie schließlich unbeteiligt. »Ein durchschnittlicher Schüler.«

»Wie erklären Sie sich diesen Vermerk?«, hakte er nach. »Wer könnte ihn geschrieben haben?«

»Das kann jeder von uns gewesen sein«, wiegelte sie ab. »Hören Sie, Herr Kommissar. Sie verschwenden hier wirklich Ihre Zeit. Und meine dazu. Ich kann Ihnen bei dieser Sache nicht helfen.«

»Stimmt es, dass Brigitte Jochimsen die Klassenlehrerin von Jimmy Vosberg war?«

»Ja.«

»Hat sie diesen Vermerk geschrieben?«

»Woher soll ich das wissen?«, entgegnete Gisela Sachs barsch. »Ich war nicht dabei. Sie verrennen sich hier in etwas.«

»Das lassen Sie mal unsere Sorge sein.« Andresen musterte sie eindringlich. Ihre unkooperative Art ärgerte ihn zunehmend. »Wenn Sie uns nicht helfen wollen, muss ich Sie aufs Präsidium vorladen. Ich verspreche Ihnen aber, dass es dort ungemütlicher für Sie werden wird.«

»Sie wollen mir drohen?«

»Das ist Ihre Interpretation«, konterte Andresen kühl. »Sie können mir auch einfach meine Fragen beantworten. Das wäre für alle das Einfachste.«

Gisela Sachs stand auf und trat ans Fenster. Demonstrativ drehte sie Andresen den Rücken zu. »Na gut«, sagte sie plötzlich. »Stellen Sie Ihre Fragen, damit wir es endlich hinter uns bringen. Aber glauben Sie nicht, dass ich das mache, um Ihnen zu helfen. Der einzige Grund ist, dass ich hoffe, dass Sie endlich verschwinden und hier wieder Ruhe einkehrt.«

Andresen ignorierte ihren Kommentar. »Wie ich eben schon sagte, interessieren mich in erster Linie zwei Dinge. Was wissen Sie über Jimmy Vosberg? Und wer könnte diesen Eintrag in den Akten vermerkt haben?«

Gisela Sachs atmete langsam und deutlich hörbar aus. Die Sekunden, die verstrichen, ließen Andresen ungeduldig werden. Doch dann brach sie ihr Schweigen und begann zu erzählen.

»Jimmy ist der Sohn des Lübecker Apothekers Helmut Vosberg und seiner Ehefrau Dagmar. Vielleicht kennen Sie die beiden?«

Andresen zuckte mit den Schultern. Er hatte den Namen Vosberg noch nie gehört.

»Die beiden haben ihn adoptiert, als er zwei Jahre alt war. Seine leiblichen Eltern hatten sich kurz nach der Geburt getrennt. Der Vater ist anschließend in sein Heimatland Ghana zurückgekehrt.«

Sie hielt kurz inne und schluckte schwer. »Jimmy war immer ein netter, zuvorkommender Junge. Seine Hautfarbe führte zu keinerlei Problemen, nicht wie bei vielen farbigen Kindern an anderen Schulen. Und seine Schulnoten waren immer in Ordnung. Nach der vierten Klasse konnte Jimmy ohne Probleme auf eine Realschule wechseln. Es gab nichts Ungewöhnliches, das mir an ihm aufgefallen wäre. Ich kann mir diesen Eintrag in den Akten nicht erklären.«

Sie sagte nicht die Wahrheit. Andresen war sich sicher, dass sie mehr wusste, als sie preisgab. »Sie haben also keine Veränderungen an Jimmy Vosberg festgestellt, obwohl dieser Vermerk in den Akten etwas anderes besagt?«

Ihr Nicken wirkte wenig überzeugend. Sie wusste ganz genau, was damals geschehen war. Warum Jimmy Vosberg nach den Sommerferien plötzlich so verändert gewesen war.

»Sie haben im Kollegium nicht über Jimmys Verhalten gesprochen?«, fragte Andresen hartnäckig. »Solch ein Thema wird doch bestimmt auf Lehrerkonferenzen diskutiert. Ich werde das Gefühl nicht los, dass Sie mir nicht die volle Wahrheit erzählen.«

»Jetzt hören Sie endlich auf!«, brach es aus Gisela Sachs heraus. »Mehr kann ich Ihnen dazu nicht sagen.«

»Wie Sie meinen«, entgegnete Andresen. »Wenn Ihnen doch noch danach ist, mir mehr über Jimmy Vosberg zu erzählen, dann melden Sie sich bitte. Falls wir Sie vorher nicht bereits vorgeladen haben.«

Er verabschiedete sich mit einem kurzen Nicken und verließ das Büro. In der Tür drehte er sich noch einmal um. Eine letzte Frage hatte er noch. »Wann haben Sie Jimmy eigentlich zuletzt gesehen?«

Wieder zögerte sie mit ihrer Antwort. Egal, was sie sagen würde, Andresen glaubte ihr nicht mehr.

»Worauf wollen Sie eigentlich hinaus?«

»Beantworten Sie bitte einfach meine Frage.«

»Wahrscheinlich an seinem letzten Tag an der Blücher-Schule bei der Zeugnisvergabe. Was soll diese Fragerei denn bloß?«

Andresen sparte sich eine Antwort.

Nachdem er das Schulgelände verlassen hatte, stieg er in sein Auto und blieb einen Moment lang regungslos sitzen, ohne den Motor zu starten. Er musste dringend mit Jimmy Vosberg sprechen. Ausloten, ob er etwas mit der Sache zu tun hatte. Ob er Probleme im Elternhaus gehabt hatte. Ob seine Hautfarbe irgendwann einmal ein Problem gewesen war. Ob sein Leben reibungslos verlaufen war oder neben der Spur. Jens Schröders Aussage ließ Letzteres vermuten.

Andresen startete den Volvo und fuhr los. Als er an einer roten Ampel warten musste, fiel sein Blick auf die umliegenden Wohnhäuser mit den kleinen Geschäften in den Untergeschossen. Eine Apotheke, ein Antiquariat und ein kleiner Friseursalon.

Gedankenfetzen schwirrten durch seinen Kopf. Irgendetwas Wichtiges hatte sein Unterbewusstsein gerade aufgeschnappt. Angestrengt versuchte er es zu fassen zu bekommen. Die Apotheke zu seiner Linken, es hatte mit ihr zu tun. Was hatte Gisela Sachs vorhin noch mal erzählt? Jimmy Vosberg war der Sohn eines Apothekers.

Die Ampel schaltete auf Grün. Andresen fuhr weiter in Richtung Mühlenteller. Die Apotheke, durchfuhr es ihn wieder. Was war bloß damit? Er spürte, dass in seinem Hirn etwas in Gang gekommen war. Im nächsten Moment kombinierte er die richtigen Gedanken miteinander.

Plötzlich war er sich sicher, dass Jimmy Vosberg der Mann war, den sie suchten.

25

»Los, nimm schon ab«, murmelte Andresen.
»Birnbaum«, hallte es aus seinem Handy.
»Kommissar Andresen hier. Ich brauche Ihre Hilfe.«
»Ich höre.«
»Wo beschaffe ich mir am besten Chloroform?«
»Nun, da gibt es verschiedene Möglichkeiten«, antwortete Birnbaum umständlich. »In der Regel in chemischen Labors oder …«
»Auch in Apotheken?«, fiel Andresen ihm ins Wort.
»Das sollte möglich sein, ja.«
»Gut«, antwortete Andresen. »Sie haben mir sehr geholfen.«
»Warten Sie, Andresen«, sagte Birnbaum. »Ich habe noch etwas für Sie.«
»Und zwar?«
»Das Kieler Labor hat sich gemeldet. Die Spuren, die wir beim Brand der Turnhalle sichergestellt haben, sind mit unserer Datenbank abgeglichen worden.«
»Ja, das weiß ich«, rief Andresen ungeduldig.
»Wir sind fündig geworden. Die Morde und der Brandanschlag wurden von ein und derselben Person verübt.«
»In Ordnung.«
»In Ordnung?«, fragte Birnbaum überrascht. »Was heißt denn hier ›in Ordnung‹? Ich schätze, dass diese Nachricht durchaus von elementarer Bedeutung für Ihre Ermittlungen ist.«
»Absolut«, sagte Andresen. »Sie verwundert mich allerdings nicht.«
»Manchmal sind Sie mir wirklich ein Rätsel, Andresen. Vielleicht kann ich Sie ja damit überraschen, dass das Labor noch etwas herausgefunden hat. Die Spuren stimmen nämlich noch mit einem weiteren Verbrechen überein. Es geht um einen …« Birnbaum stockte. »Moment, ich muss nachsehen.« Einige Sekunden vergingen. »Es geht um einen Einbruch mit Brandstiftung bei einer Unternehmensberatung in der Moislinger Allee.«
Es war also tatsächlich so, wie er vermutet hatte. Und auch Jens

Schröder hatte recht gehabt. Jimmy Vosberg war der Mann, den sie suchten.

Einzig das Motiv fehlte noch. Rache, so viel schien festzustehen. Aber Rache wofür? Was war damals mit Jimmy Vosberg passiert?

Andresen rief im Präsidium an und erkundigte sich nach der Adresse von Jimmy Vosberg. Er wohnte in der Korvettenstraße in Buntekuh. Andresen fuhr mit mehr als achtzig die Fackenburger Allee entlang und bog in die Ziegelstraße ein, raus in Richtung Buntekuh. Einem Radfahrer kam er während eines Überholmanövers gefährlich nahe. Einem Fußgänger, der die Straße überquerte, konnte er erst im letzten Moment ausweichen.

Hoffentlich war es noch nicht zu spät. Andresen war sich plötzlich sicher, dass Vosberg noch nicht fertig war. Irgendetwas fehlte noch, das spürte er. Die bisherigen Morde und die Brandstiftungen waren nur der Anfang gewesen.

All seine losen, umherschwirrenden Gedankenfetzen reihten sich aneinander. Jetzt passten sie endlich zueinander. War Gisela Sachs sein nächstes Opfer?

Die Reifen quietschten, als er den Volvo vor dem Mietshaus in der Korvettenstraße zum Stehen brachte. Sein Handy klingelte. Ohne aufs Display zu sehen, nahm er ab.

»Andresen.«

»Hallo, Birger. Ich bin's, Wiebke. Hast du ein paar Minuten Zeit, dann –?«

»Wiebke, tut mir leid, aber es ist gerade ganz schlecht. Ich rufe zurück, sobald ich kann, ja?«

»Aber –«

Andresen legte auf. Sosehr er sich wünschte, endlich in Ruhe mit Wiebke zu sprechen, in diesem Moment war es völlig unmöglich.

Er rollte noch einige Meter weiter, um nicht direkt vor dem Haus zu parken. Dann stieg er rasch aus und blickte sich um. Er erinnerte sich daran, dass er in einem der Nachbarhäuser schon einmal im Rahmen eines Mordfalls ermittelt hatte. Damals war es um eine Tote im Drogenmilieu gegangen, eine ziemlich unerfreuliche Geschichte. Das Mädchen war gerade einmal achtzehn Jahre alt gewesen, als man sie mit Messerstichen übersät in ihrer Wohnung gefunden hatte.

Jimmy Vosberg wohnte in einem Hochhaus, das in den sechziger oder siebziger Jahren gebaut worden war. Es wirkte heruntergekommen und bedurfte dringend einer Sanierung. Vor dem Haus türmten sich gelbe Säcke. Kinderwagen versperrten den Weg. Ein blaues Fahrrad samt Anhänger lag achtlos zwischen angrenzenden Sträuchern. Andresen musste an den Anruf der Bedienung aus dem Sachers denken.

Er ging zum Hauseingang und studierte das Klingelschild. Trotz der Vielzahl an Namen entdeckte er Jimmy Vosbergs Klingelknopf sofort. Plötzlich öffnete sich die Tür, und ein älterer Mann in grauer Jogginghose, dunklem Sweatshirt und Pantoffeln trat aus dem Haus. Andresen stieg der Geruch von Alkohol und kaltem Schweiß in die Nase.

»Entschuldigen Sie, ich bin auf der Suche nach Jimmy Vosberg«, sagte er so freundlich wie möglich. »Wissen Sie, in welcher Etage er wohnt?«

Der Mann nuschelte etwas Unverständliches und drängte sich an Andresen vorbei. Andresen gab ihm ein Zeichen, dass er ihn nicht verstanden hatte.

»Erster Stock, rechts«, wiederholte der Mann lauter. »Sagen Sie ihm, dass er sich verpissen soll, wenn er nachts weiterhin so einen Krach macht. Wir brauchen hier keine Neger!«, setzte er hinzu und ging weiter.

»Idiot!« Andresen sah ihm kopfschüttelnd hinterher.

Er nutzte die Chance und schlüpfte ins Treppenhaus. Der Geruch, der ihm entgegenschlug, zwang ihn dazu, sich den Ärmel seiner Jacke vors Gesicht zu halten. Eine Mischung aus angebranntem Essen, kaltem Zigarettenqualm und Urin. Hastig lief er die Treppe hoch. Beim Anblick der heruntergekommenen und zum Teil aufgebrochenen Wohnungstüren war er sich sicher, dass die Kollegen von der Streife in diesem Haus bereits den ein oder anderen Einsatz gehabt hatten.

Im ersten Stockwerk ging er durch bis ans Ende des Flurs. Sofort erkannte er, dass Vosbergs Wohnungstür nur angelehnt war. Instinktiv legte er die rechte Hand auf seine Jacke, um sicherzugehen, dass die Waffe an der richtigen Stelle saß. Einen Moment lang überlegte er, Verstärkung anzufordern, aber er verwarf den Gedanken wieder.

Er klingelte an Vosbergs Tür, doch eine Reaktion blieb aus. Auch auf sein Klopfen reagierte niemand. Andresen betrat die Wohnung mit gezückter Waffe. Bereits im Flur musste er feststellen, dass Vosberg in einem heillosen Durcheinander lebte. Überall lagen Kleidung, Papiere, Essensreste verstreut. Bierflaschen türmten sich auf den Schränken. Die Wände waren mit Zeitungsausschnitten beklebt.

Du musst vorsichtig sein, ermahnte sich Andresen. Es schien zwar so, als sei Vosberg nicht in der Wohnung, aber sicher konnte er nicht sein. Langsam ging er weiter in ein angrenzendes Zimmer, offenbar das Wohnzimmer. Hier sah es noch schlimmer aus. In der Mitte des Raumes lagen ein umgefallener Tisch und zwei Stühle. Leere Flaschen und volle Aschenbecher überall. Es sah aus, als hätte ein Kampf stattgefunden. Andresen blickte sich um und sah, dass es neben diesem Zimmer noch eine kleine Küche und ein Badezimmer gab.

Er ging zurück in den Flur und betrachtete die Wand. Er musste zweimal hinschauen, ehe er verstand, was er da sah. Es handelte sich um einen Zeitungsausschnitt der letzten Woche. Er selbst war zusammen mit Sibius auf einem Foto zu sehen. Der Artikel war im Zusammenhang mit dem Mord an Katharina Kock in den Lübecker Nachrichten veröffentlicht worden.

Sein Blick wanderte weiter. Überall hingen Zeitungsartikel und ausgedruckte Nachrichten aus dem Internet. Sie handelten größtenteils von den beiden Todesopfern Brigitte Jochimsen und Katharina Kock.

Alles war genauestens dokumentiert. Angefangen vom Tag des Todes von Brigitte Jochimsen bis zum gestrigen Datum, an dem ein kleiner Artikel über die laufenden Ermittlungen erschienen war.

Das alles war kein Zufall. Jimmy Vosberg hatte seine Opfer gezielt ausgesucht, weil sie ein Teil seines Plans gewesen waren. So viel stand jetzt fest.

Und dann entdeckte er auch die fehlenden Fotos aus Katharina Kocks Fotoalbum. Vosberg hatte sie mit Stecknadeln an der Wand befestigt. Die Nadeln durchbohrten Katharinas Augen.

Andresen warf einen raschen Blick in Küche und Badezimmer. In beiden Zimmern herrschte ebenfalls Chaos. Dann ging er noch einmal zurück ins Wohnzimmer. Von Vosberg war weit und breit nichts zu sehen.

Weshalb hatte die Wohnungstür offen gestanden? Irgendetwas musste in dieser Wohnung vorgefallen sein. Andresen musste wieder an Gisela Sachs und seinen Verdacht denken, dass Vosberg es auch auf sie abgesehen haben könnte. Er hatte die ganze Zeit über das Gefühl gehabt, dass sie ihm etwas verschwiegen hatte. Er kramte sein Handy aus der Innentasche seiner Jacke und wählte ihre Nummer. Nach dem zehnten Klingeln legte er wieder auf. Erneut überkam ihn dieses ungute Gefühl. Möglicherweise war Vosberg bereits auf dem Weg zu ihr.

Sein Blick blieb plötzlich an einem Gegenstand in der Küche hängen. Ein Paket, das auf dem Kühlschrank lag. Er nahm es herunter und klappte den Deckel auf. Der Inhalt irritierte ihn. In dem Paket lag eine Kinderturnhose. Andresen schüttelte den Kopf und legte sie wieder zurück. An einer Seite des Raums stand ein offenes Regal mit Geschirr. Mehrere Teller und Tassen lagen zersplittert auf dem Fußboden.

Im Wohnzimmer entdeckte er einen antiken Sekretär, offenbar das einzige wertvolle Möbelstück in dieser Wohnung. Er war bedeckt von einem Wust an Papieren und Zeitschriften. Wahllos zog Andresen einige Zettel aus dem Durcheinander hervor. Es waren handbeschriebene Blätter. Die Schrift war unleserlich, sodass er sie nur mit Mühe entschlüsseln konnte.

Fast alle Zettel waren mit knappen Notizen versehen. *Ich habe versagt*, las er auf einem Papier. *Ich werde dich kriegen*, stand auf dem nächsten. *Schon bald wird es so weit sein*, auf einem anderen. »Verdammt«, murmelte Andresen. Wen meinte Vosberg bloß damit? Etwa tatsächlich Gisela Sachs?

Er griff nach weiteren Blättern und zog sie aus dem Haufen hervor. *Es läuft alles nach Plan. Hätte nie gedacht, dass es so einfach ist.*

Und noch ein Blatt, diesmal voll beschrieben. Es trug den Titel FÜR NIEMANDEN. Andresen begann zu lesen.

Wenn es eines letzten Beweises bedurft hätte, hier lag er vor ihm. Bis eben war alles noch eine Vermutung gewesen. Aber jetzt war endgültig klar, dass Jimmy Vosberg der Mörder von Brigitte Jochimsen und Katharina Kock war. Vor ihm lag gewissermaßen sein Geständnis. Es fehlte nur noch eine Sache: ein Hinweis darauf, wer das nächste Opfer sein würde.

Andresen massierte seine Schläfen. Im nächsten Moment klingelte sein Handy. Er griff in die Jackentasche und zog es hervor.

»Ja?«

»Gisela Sachs hier.« Die Stimme der Schulleiterin klang leise und zittrig.

»Bei Ihnen wollte ich mich gerade melden«, sagte Andresen. »Wo sind Sie gerade?«

Eine kurze Pause entstand.

»Hallo? Sind Sie noch dran?«

»Ich muss es Ihnen jetzt sofort erzählen«, sagte sie plötzlich. »Andernfalls ist es vielleicht zu spät.«

»Andernfalls ist was zu spät?«

»Hören Sie, Herr Kommissar«, sagte Gisela Sachs. »Sie müssen wissen, dass das, was ich Ihnen jetzt erzählen werde, nicht einfach für mich ist. All die Jahre habe ich mich immer wieder gefragt, ob sie vielleicht doch recht hatte mit dem, was sie mir damals erzählt hat. Ich wollte es einfach nicht wahrhaben, das müssen Sie mir glauben.«

»Bitte der Reihe nach«, sagte Andresen. »Wer ist diese Person, von der Sie sprechen? Und was wollten Sie nicht wahrhaben?«

Gisela Sachs atmete laut aus und suchte nach den richtigen Worten. Es hörte sich an, als würde sie jeden Moment in Tränen ausbrechen. »Ich habe das wirklich nicht gewollt«, sagte sie flehend. »Bitte glauben Sie mir das.«

»Erzählen Sie jetzt bitte«, sagte Andresen ungeduldig. Er wollte endlich wissen, was Jimmy Vosberg zu einem zweifachen Mörder gemacht hatte und was damals geschehen war.

»Ich sage es Ihnen«, entgegnete Gisela Sachs nach einem Moment. Sie schien sich etwas beruhigt zu haben. »Das Ganze liegt schon mehr als zehn Jahre zurück. Ich war damals bereits eine ganze Zeit lang Schulleiterin, und wir hatten nie irgendwelche Probleme an unserer Schule. Es war eine schöne Zeit. Eines Nachmittags betrat dann Katharina Kock mein Büro und bat um ein vertrauliches Gespräch. Wie Sie wissen, war Katharina Kock zu dieser Zeit als Vertretungslehrerin an unserer Schule tätig. Sie war aufgebracht und hatte einen ungeheuerlichen Verdacht, von dem sie mir erzählen wollte. Ich reagierte etwas barsch und sagte ihr, sie solle sich nicht so aufspielen, dadurch würden ihre Chancen auf eine feste Stelle auch nicht steigen. Der größte Fehler meines Lebens.«

Es gibt angeblich jemanden, der einen Verdacht hat. Andresen erinnerte sich wieder an den Eintrag in Brigitte Jochimsens Tagebuch. Dieser *Jemand* hatte also offenbar für Katharina Kock gestanden.

»Erzählen Sie mir, was Katharina Kock Ihnen gesagt hat. Und zwar alles, bis ins kleinste Detail.«

Gisela Sachs atmete geräuschvoll aus. Andresen spürte, dass es ihr schwerfiel, über die Wahrheit zu sprechen.

»Bitte glauben Sie mir, dass ich nicht gewollt habe, dass es so endet«, sagte sie schließlich. »Sie müssen es mir glauben.«

»Ob ich Ihnen glaube oder nicht, spielt momentan keine Rolle, Frau Sachs«, sagte Andresen barsch. »Ich will verdammt noch mal endlich wissen, welchen Verdacht Katharina Kock damals gehabt hat.«

»Es ging um den unfassbaren Verdacht, dass ein Schüler von einer Lehrerin mehrfach sexuell missbraucht worden war.«

Das war es also gewesen. Das Motiv, das so lange im Unklaren geblieben war. Jetzt ergab vieles einen Sinn. Aber wer war die Lehrerin gewesen, die Vosberg missbraucht hatte? Brigitte Jochimsen schied aus. Sie hatte Vosberg und seine Peinigerin damals selbst erwischt. Und Katharina Kock hatte einen Verdacht gehabt. War es etwa Hanka Weichert?

»Der Schüler war Jimmy Vosberg?«, vergewisserte er sich.

»Ja.«

»Und die Lehrerin? Wer hat Jimmy Vosberg das angetan?«

»Es war ...« Gisela Sachs atmete schwer. »Es war Karin Busch.«

Andresen hielt inne. Karin Busch? Er erinnerte sich an den Namen; es war die Lehrerin der Blücher-Schule, die bei ihren Befragungen krank gewesen war. Ida-Marie hatte sie zu Hause besucht.

»Das heißt also, dass Vosberg es auf Karin Busch abgesehen hat«, murmelte Andresen. »Aber weshalb mussten Brigitte Jochimsen und Katharina Kock sterben?«

»Das weiß ich nicht«, antwortete Gisela Sachs. Sie schien jetzt wieder den Tränen nah zu sein.

»Dann sage ich es Ihnen«, sagte Andresen energisch. In diesem Augenblick wurde ihm das ganze Ausmaß der Tragödie bewusst. Er schäumte plötzlich vor Wut. »Brigitte Jochimsen wusste die ganze Zeit Bescheid, dass Jimmy Vosberg von ihrer Kollegin missbraucht wurde. Statt einzuschreiten, hat sie jedoch geschwiegen. Sie hat diese Frau gedeckt. Wissen Sie eigentlich, was das bedeutet?«

Gisela Sachs schwieg.

Andresen musste daran denken, dass Brigitte Jochimsen nach ihrer Zeit als Lehrerin im Kinderschutz aktiv gewesen war. Er war fassungslos darüber, wie ein Mensch derart heuchlerisch sein konnte.

»Das Gleiche gilt im Übrigen für Katharina Kock«, fuhr er fort. »Wobei sie wenigstens versucht hat, Sie davon zu überzeugen, ihr zu glauben. Ob auch Hanka Weichert einen Verdacht gehegt hat, werden wir herausfinden.«

»Ich habe Katharina unrecht getan«, wimmerte Gisela Sachs am anderen Ende der Leitung. »Brigitte kam einige Tage später auf mich zu und beklagte sich, dass Katharina gegen Lehrerinnen aus dem Kollegium intrigiere und Gerüchte in die Welt setze. Ich fühlte mich in meiner Meinung über Katharina Kock bestätigt und veranlasste, dass sie zum Ende des Halbjahres unsere Schule verließ.«

Andresen wollte etwas sagen, die Schulleiterin zurechtstutzen. Doch die passenden Worte kamen ihm nicht über die Lippen.

»Die ganze Geschichte ist danach in Vergessenheit geraten. Niemand hat je mehr davon gesprochen, sodass ich davon ausgegangen bin, dass sich Katharina Kock tatsächlich alles nur ausgedacht hatte. Bis diese fürchterlichen Morde in den vergangenen Tagen passiert sind und Sie an unserer Schule auftauchten.«

Andresen hörte, dass Gisela Sachs jetzt tatsächlich weinte. Mitleid verspürte er dennoch nicht.

»Haben Sie denn nie in Betracht gezogen, dass Katharina Kock vielleicht doch die Wahrheit gesagt hat?«

Ihr Schweigen kam einer Antwort gleich.

Andresen wurde unruhig. Er war sich mittlerweile sicher, dass Vosberg bereits auf dem Weg zu seinem letzten Opfer war. So wie es hier aussah, hatte er die Wohnung Hals über Kopf verlassen. Vielleicht hatte er die Frau sogar bereits in seiner Gewalt.

»Ist Ihnen eigentlich bewusst, dass Sie sich in den vergangenen Wochen in Lebensgefahr befunden haben? Vosberg will sich offenbar an jedem rächen, der damals Bescheid wusste und geschwiegen hat.«

»Ich weiß«, antwortete Gisela Sachs leise. »Was glauben Sie, welche Panikattacken ich seit dem Tod von Brigitte Jochimsen durchlitten habe.«

»Mein Mitgefühl hält sich Grenzen«, sagte Andresen hart. »Sie sind sich aber absolut sicher, dass Katharina Kock damals von Karin Busch gesprochen hat?«

»Natürlich«, antwortete Gisela Sachs. »Was meinen Sie, wie oft ich damals überlegt habe, ob ich sie darauf anspreche, als sie bei mir im Büro saß.«

»Na gut«, sagte Andresen. »Noch ist es nicht zu spät. Wo wohnt sie?«

Er hörte, wie sie auf der Suche nach der Adresse Papiere durchblätterte.

»Roonstraße«, sagte sie schließlich und gab ihm noch die Nummer durch.

»In Ordnung. Wir werden alles versuchen, damit nicht noch mehr Unheil passiert. Und wir beide werden uns noch einmal in Ruhe unterhalten, wenn alles vorbei ist.« Andresen legte auf. Er stand inmitten des Chaos in Jimmy Vosbergs Wohnung und blickte noch immer ungläubig über das soeben Gehörte auf sein Handy. Dann wählte er Ida-Maries Nummer.

»Birger?«, meldete sie sich nach dem zweiten Klingeln.

»Ida, ich brauche dringend deine Hilfe«, sagte Andresen. »Du hast doch mit Karin Busch gesprochen. Was kannst du über sie sagen?«

»Was genau willst du denn wissen?«

»Wie sie so war. Wirkte sie nervös? Gab es irgendetwas Auffälliges an ihr?«

»Also im Grunde war sie –«

»Warte mal!«, rief Andresen mit einem Mal. »Was hast du noch mal gesagt, wie hat es in ihrer Wohnung ausgesehen?«

»In ihrer Wohnung? Keine Ahnung, was meinst du?«

»Du hast etwas erwähnt. Denk noch mal genau nach.«

»Sie war krankgeschrieben, deshalb fand ich es etwas seltsam, dass sie verreisen wollte. Meinst du das?«

»Ja, genau«, antwortete Andresen. »Verdammt, sie weiß natürlich, dass Vosberg hinter ihr her ist. Sie ist bestimmt längst abgehauen.«

»Was redest du denn da? Ich verstehe überhaupt nicht, was du meinst.«

Andresen erklärte ihr, was er in Erfahrung gebracht hatte. »Ich fahre jetzt sofort zu ihrer Wohnung in der Roonstraße. Es wäre gut, wenn du kommen könntest. Und sag Sibius Bescheid, er soll Verstärkung schicken.«

»Klar, mach ich«, antwortete Ida-Marie. »Ist ansonsten alles in Ordnung mit dir?«

»Ich hoffe«, antwortete Andresen ausweichend. »Jetzt zählt erst einmal nur Jimmy Vosberg. Wir sehen uns gleich.« Er legte auf und suchte sich einen Weg durch das Chaos im Wohnzimmer. Dann verließ er die Wohnung eiligen Schrittes. Im Treppenhaus kam ihm der grauhaarige Mann entgegen, dessen Bekanntschaft er bereits vor dem Haus gemacht hatte.

»Na, war der Schwatte da?«

Andresen spürte Wut in sich hochsteigen. Er ballte seine rechte Faust und trat auf den Mann zu.

»Wahrscheinlich war er von dem ganzen harten Zeug gar nicht mehr ansprechbar, was?«, redete der Mann weiter. »Der soll bloß in seinen Busch zurückgehen.«

Es war nur ein kurzer Moment gewesen, den Andresen zögerte. Im Nachhinein war er froh, dass sein Verstand die Oberhand behalten hatte. Andernfalls hätte ihm womöglich ein Disziplinarverfahren gedroht. Immerhin hatte er den Mann am Kragen gepackt und an die Treppenhauswand gedrängt. Angst hatte sich in dessen Gesicht abgezeichnet, bis Andresen schließlich von ihm abgelassen hatte.

26

Was war er doch nur für ein erbärmlicher kleiner Wurm. Wie er da lag, ungepflegt, verwahrlost und längst nicht mehr das hübsche Kind, das er einmal gewesen war. Er hatte sein Leben selbst verpfuscht, er brauchte jetzt bloß nicht so zu tun, als wäre alles nur ihre Schuld gewesen.

Sie hatte Glück gehabt, als sie in den frühen Morgenstunden in seine Wohnung eingedrungen war. Ursprünglich hatte sie geplant, dem Ganzen sofort ein Ende zu bereiten. Ihn einfach zu beseitigen, ein für alle Mal. Doch dann hatte sie ihn reglos auf dem Wohnzimmerboden gefunden. Im ersten Moment hatte sie geglaubt, er wäre bereits tot. Dann allerdings hatte sie inmitten des Chaos die leere Flasche Absinth gesehen und ihren Plan geändert. Plötzlich hatte er ihr leidgetan. Und dann mit einem Mal waren die Gefühle von damals wieder in ihr hochgestiegen. All die Jahre hatten sie sich im Verborgenen gehalten, sie hatte sogar angefangen zu glauben, es wäre nur eine einmalige Ausnahme gewesen. Ein dunkles Kapitel ihres Lebens. Doch jetzt kam alles wieder.

Während sie ihn da auf dem Boden liegend betrachtete, hatte sie plötzlich wieder die Lust verspürt, es noch einmal zu tun. Vielleicht konnte sie ein letztes Mal zärtlich zu ihm sein. Und er zu ihr.

Aber nicht hier, rief sie sich zur Ordnung. Das war nicht der richtige Ort dafür. Sie ekelte sich vor dem Chaos und Dreck in seiner Wohnung.

Also versuchte sie, ihn wachzumachen. Schüttelte ihn. Schlug und trat ihn, doch er zeigte keinerlei Reaktion. Es war, als befände er sich im Koma. Aber sie wollte ihn bei sich zu Hause haben, ehe sie den Schlussstrich unter das Ganze zog. Nur wie sollte sie ihn unbemerkt hier herausschaffen?

Sie verließ die Wohnung noch einmal und parkte ihr Auto direkt vor der Haustür. Dann wartete sie, bis die Luft rein war, und zog Jimmy so vorsichtig wie möglich an den Armen aus der Wohnung und die Treppen ins Erdgeschoss hinunter. Ein viel zu hohes

Risiko, aber sie war sich sicher, dass niemand sie gesehen hatte. Zumindest war ihr im Treppenhaus niemand begegnet.

Jimmy zeigte keinerlei Regung, obwohl sein Körper immer wieder auf die Stufen aufschlug. Sie zerrte ihn auf die Rückbank ihres Golfs und fuhr davon. Zum Glück war es noch dunkel. Das kam ihr zugute, als sie vor ihrem Haus hielt, um ihn in die Wohnung hineinzuhieven.

Jetzt lag er schon seit Stunden auf ihrer Couch, immer noch voll bis oben hin mit Alkohol. An den Armen und Beinen hatte er Hämatome und Abschürfungen. Dennoch war da dieses Gefühl, das sie schon damals empfunden hatte. Sie konnte sich einfach nicht erklären, was es war, das sie so sehr anzog. Er hatte etwas Magisches an sich. Seine kaffeebraune Haut, die blauen Augen, dieses knabenhafte Gesicht, das trotz allem, was geschehen war, so unschuldig aussah. Sie musste es einfach tun. Ob er wollte oder nicht. Danach würde er ohnehin für immer von ihr gehen.

Sie schleifte ihn durch die Wohnung bis ins Badezimmer und legte ihn der Länge nach vor die Wanne. Vorsichtig begann sie seine Kleidung auszuziehen. Sie rümpfte die Nase, als sie seine dreckige Unterhose auszog, und musste sich überwinden, seine übel riechenden Socken anzufassen. Schließlich zog sie sein T-Shirt aus und stemmte ihn hoch. Unter größter Anstrengung wuchtete sie ihn in die halb volle Badewanne. Ein Glück, dass er schmächtig gebaut war.

Noch einmal ging sie zurück ins Wohnzimmer, um ihre Waffe zu holen. Vorsicht war geboten, daran musste sie sich ständig erinnern. Jimmy konnte schließlich jeden Augenblick wach werden.

Mit einem Mal überkam sie ein seltsamer Gedanke. Was, wenn er doch nicht mehr lebte? Sie beugte sich zu ihm herunter und legte ihren Kopf auf seine Brust. Der beißende Schweißgeruch unter seinen Achseln ließ sie zurückfahren. Aber sein Herzschlag war da, das konnte sie deutlich hören.

Erleichtert drehte sie das Wasser ab und nahm einen Schwamm vom Rand der Badewanne. Mit dem linken Arm versuchte sie, seinen Körper zu stützen. Dann begann sie, ihn einzuseifen. Erst langsam und dann immer forscher. Unter den Armen, am Rücken, an den Fußsohlen und zwischen den Beinen. Sie war in diesem

Moment nicht zärtlich, eher wie eine Mutter, die ihr Kind sauber schrubbte. Wie viel hatte der Junge bloß getrunken, dass er überhaupt keine Reaktion zeigte?

Sie seifte jede Stelle seines Körpers ein und wusch ihm sogar die Haare. Als sie fertig war, ließ sie das Wasser aus der Badewanne ab, legte ein großes Handtuch auf den Boden und fasste Jimmy an den Armen. Mühevoll zog sie ihn aus der Wanne. Sie stöhnte und atmete schwer, aber sie schaffte es. Wie gut, dass sie trotz ihres Alters in einem trainierten Zustand war. Anschließend trocknete sie ihn behutsam ab, packte das große Handtuch an den Enden und zog ihn aus dem Badezimmer über den Parkettboden in der Diele bis ins Schlafzimmer. Genau dort wollte sie ihn haben.

Mit einem letzten Kraftakt hob sie ihn auf ihr frisch bezogenes Bett. Sein Anblick erregte sie sofort. Der braune Körper auf dem reinen Weiß der Bettwäsche. Jimmy war doch noch immer wunderschön.

Langsam begann sie, sich ebenfalls auszuziehen. Als sie neben ihm lag, schloss sie die Augen. Ihre Hände wanderten zaghaft über seinen Körper. Genau wie damals.

Sie bemerkte die Veränderung nicht. Zu sehr war sie mit sich selbst und ihrer Befriedigung beschäftigt. Als sich Jimmy Vosbergs Augen langsam öffneten und er einen ersten klaren Gedanken nach mehr als zwölf Stunden Schlaf fassen konnte, wusste er nicht, wo er war und was mit ihm geschah.

27

Andresen raste mit Blaulicht durch den Kreisverkehr am Lindenplatz in Richtung Holstentor. Er fuhr an Lübecks Wahrzeichen vorbei und bog am Ende der Straße rechts ab. Über das Kopfsteinpflaster rumpelte er weiter, entlang am Malerwinkel mit seinen kleinen, pittoresken Ganghäusern bis zur Hartengrube.

Das Haus, zu dem er wollte, befand sich auf mittlerer Höhe der kleinen Gasse, die sich vom Dom hinunter bis zur Obertrave erstreckte. Er wusste es, weil er eben noch einmal im Präsidium angerufen hatte. Langsam fuhr er an dem Haus vorbei und parkte den Volvo ein Stück weiter oben im Schatten der beiden wuchtigen Kirchturmspitzen.

Rasch ging er auf die Tür des kleinen Altstadthauses zu. »Gisela Sachs« las er auf dem Klingelschild.

Der Entschluss, zu ihr zu fahren, war spontan gewesen. Eine kleine Bemerkung von ihr hatte sich in seinem Unterbewusstsein festgekrallt und sich an die Oberfläche gearbeitet. Erst nur langsam, dann mit Macht. Er war bereits in die Roonstraße eingebogen und hatte nach einem Parkplatz vor Karin Buschs Haus gesucht, als Gisela Sachs' Worte plötzlich in seinen Ohren klangen:

Was glauben Sie, welche Panikattacken ich seit dem Tod von Brigitte Jochimsen durchlitten habe.

Das Adrenalin in seinem Körper hatte ihn zittern lassen. Sie waren anfangs von einem Unfall ausgegangen, kein Wort eines gewaltsamen Todes war nach außen gedrungen. Weshalb hatte Gisela Sachs also Panikattacken erlitten? Es konnte nur eine Erklärung geben. Sie hatte geahnt, dass Jimmy Vosberg seinen Rachefeldzug begonnen hatte, weil sie selbst es gewesen war, die Vosberg als Schüler missbraucht hatte. Nur sie hatte zu diesem Zeitpunkt wissen können, was Vosberg plante. Und sie hatte sofort verstanden, dass sie das letzte Opfer von Jimmy Vosberg sein würde.

Andresen war unschlüssig, wie er vorgehen sollte, entschied sich schließlich aber dafür, einfach zu klingeln. Er wartete eine Weile, doch es tat sich nichts. Er drückte ein weiteres Mal auf den Klingelknopf. Wieder nichts. War er zu spät gekommen?

Er trat einige Schritte zurück und betrachtete das Haus. Es ähnelte seinem eigenen Altstadthaus, war allerdings um einiges kleiner. Sein eigenes, dachte er kopfschüttelnd. Seit vergangener Woche gehörte ihm das Haus gar nicht mehr. Stattdessen besaß er jetzt ein Haus mit Meerblick in Brodten. Gemeinsam mit einer Frau, die er vor wenigen Tagen mit seiner Kollegin betrogen hatte.

Er verdrängte die Gedanken und ließ seinen Blick weiter kreisen. Nichts zu sehen von einem rachsüchtigen Mörder und einer pädophilen Schulleiterin. Ihm fielen die beiden Fenster im Erdgeschoss auf. Stand das linke nicht ein wenig vor? Er ging näher heran und sah, dass es nur angelehnt war. Vorsichtig drückte er es auf und beugte sich nach vorn, um ins Innere des Hauses sehen zu können.

Er blickte die Straße entlang. Leichter Nieselregen hatte eingesetzt. Weit und breit war keine Menschenseele zu sehen. Die Hartengrube wirkte wie ausgestorben.

Noch einmal betätigte er die Klingel. Wieder tat sich nichts. Trotzdem wurde er das Gefühl nicht los, dass Gisela Sachs zu Hause war. Kurzerhand sprang er mit einem Satz durch das offene Fenster ins Innere.

In dem kleinen Raum war es düster, sodass es ihm schwerfiel, sich zu orientieren. Erst allmählich erkannte er einen Schreibtisch in der Nähe der Fenster. An der einen Längsseite stand ein Kleiderschrank. Auf der gegenüberliegenden Seite des Raums zeichnete sich die Zimmertür ab. Er tastete sich an der Wand entlang und griff nach der Türklinke.

Der Regen war stärker geworden und prasselte mittlerweile gegen die Fenster. Der Himmel hatte sich zugezogen und ließ jetzt noch weniger Licht ins Zimmer.

Andresen zog seine Waffe und hielt sie im Anschlag. Dann drückte er die Klinke langsam herunter und schob die Tür auf.

28

Sie hatte zu spät gemerkt, dass Jimmy wieder zu sich gekommen war. Sein Körper hatte sie um den Verstand gebracht. Sie war unvorsichtig geworden, weil sie ihren Trieb nicht mehr unter Kontrolle gehabt hatte.

Als sie die Augen geöffnet und zur Seite geblickt hatte, war ihr schlagartig klar geworden, dass es nicht mehr so war wie damals. Er hatte sich verändert. Sein Ausdruck war nicht mehr der gleiche. Er strahlte etwas aus, das ihr Angst machte. Anfangs war da nur dieses Grinsen auf seinen Lippen gewesen. Doch dann hatte er angefangen, laut zu lachen, ein wahnsinniges Lachen. Was war bloß mit ihm geschehen in all den Jahren? Er musste verrückt geworden sein.

Schreiend war sie vom Bett aufgesprungen und in Richtung Wohnzimmer gelaufen. Aus den Augenwinkeln hatte sie gesehen, dass Jimmy hinter ihr hergestolpert war. Sie war auf dem Teppich ausgerutscht, der auf dem Parkettboden keinen Halt fand, und mit voller Wucht gegen den großen Esstisch geknallt. Von hinten war Jimmy auf sie zugestürzt. Noch immer nackt. Sie hatte an sich heruntergesehen und war erschrocken, weil auch sie noch immer nackt war.

Da hatte er plötzlich über ihr gelegen und seine zarten Hände mit erbarmungsloser Kraft um ihren Hals gelegt. Wieder hatte er gelacht, dieses schreckliche Lachen. Ihr war bewusst gewesen, dass er sie umbringen wollte, aber dass er zu einem unkontrollierbaren Psychopathen geworden war, schockierte sie zutiefst. Die Gefühle, die sie einst für ihn empfunden hatte, waren verschwunden. In dem Moment, da er auf ihr lag, war nur noch Ekel übrig.

Sie mobilisierte all ihre Kräfte, stieß Jimmy von sich und riss sich los. Wo nur war ihre Waffe? Ihr fiel ein, dass sie noch immer im Schlafzimmer lag.

»Verdammt!«, schrie sie. Wenn sie zurückliefe, rannte sie Jimmy direkt in die Arme. Sie entschied sich um und stürzte in die Küche, wo sie Schubladen und Schranktüren aufriss. Sie schnappte sich eine gusseiserne Pfanne und rannte auf Jimmy los. Erst im letzten Moment zog sie die Pfanne hinter dem Rücken hervor und schlug sie ihm mit voller Wucht ins Gesicht. Während er benommen durch die Wohnung taumelte, holte sie ein weiteres Mal aus. Die Pfanne traf ihn am Hinterkopf, sodass er vornüber aufs Parkett stürzte. Sie blickte auf ihn herab und trat ihm in die Seite. Aber er rührte sich nicht mehr.

Aufgewühlt ging sie zurück ins Badezimmer und zog sich notdürftig etwas über. Plötzlich hielt sie inne. Was war das für ein Geräusch gewesen? Es schien aus dem Arbeitszimmer zu kommen. Leise lief sie an Jimmy vorbei ins Wohnzimmer. Die gusseiserne Pfanne hielt sie noch immer in der Hand.

Die Tür zum Arbeitszimmer öffnete sich. Mit einem Mal spürte sie, dass Jimmy sie am Bein packte, aber es gelang ihr, sich loszureißen und wegzulaufen.

Den Mann, der ihr entgegenkam, erkannte sie sofort. Ohne lange nachzudenken, hob sie den Arm und schlug zu. Der Schlag mit der Pfanne traf ihn unvorbereitet. Er fiel hart zu Boden.

Aus dem Augenwinkel sah sie, dass Jimmy wieder auf die Beine kam. Falls sie überleben wollte, blieb ihr nur eine Möglichkeit. Sie musste hier raus.

29

Als Andresen wieder zu sich kam, brauchte er einige Sekunden, ehe er verstand, was passiert war. Das Letzte, an das er sich erinnern konnte, war ein farbiger junger Mann, der nackt am Boden lag, und eine Frau, die auf ihn zurannte. Sie war spärlich bekleidet und hielt eine Bratpfanne in der Hand. Kurz darauf war sein Kopf explodiert und ihm schwarz vor den Augen geworden.

Mühsam rappelte er sich hoch und sah sich um. Dann befühlte er seine Stirn. Die Beule, die sich gebildet hatte, war so groß wie ein Tischtennisball. Kein Wunder, hatte sie ihm die Pfanne doch mit all ihrer Kraft gegen den Kopf geschmettert.

Die Wohnung schien leer zu sein. Niemand war mehr zu sehen. Durch die verglaste Dielentür erkannte er, dass die Haustür offen stand. Gisela Sachs war ganz offenbar geflüchtet. Genau wie Vosberg.

»Verflucht!«, schimpfte er, während er noch immer Probleme hatte, sich auf den Beinen zu halten. Er wusste nicht einmal, wie viel Zeit vergangen war, seitdem sie ihn außer Gefecht gesetzt hatte.

»Frau Sachs? Sind Sie hier?«

Die Stimme kam von draußen. Andresen erkannte sofort, wem sie gehörte. »Hier bin ich.«

»Birger?« Ida-Marie betrat das Haus und blickte Andresen überrascht an. »Wie siehst du denn aus? Was ist hier passiert?«

»Sie sind weg«, sagte Andresen.

»Wer ist weg?«, fragte Ida-Marie.

»Gisela Sachs und Jimmy Vosberg. Sie waren im Haus, als ich ankam. Ich weiß zwar nicht, was hier los gewesen ist, aber ich befürchte das Allerschlimmste. Was machst du überhaupt hier?«

»Die Einsatzzentrale hat sich bei Sibius und mir gemeldet und berichtet, dass du auf dem Weg hierher bist. Vielleicht erzählst du erst mal, was los ist. Ich dachte, du wolltest zu Karin Busch.«

»War ich auch«, antwortete Andresen. »Es gab aber eine kleine Planänderung.« Er erzählte in wenigen Sätzen, was geschehen war.

Ida-Marie hörte ihm kopfschüttelnd zu. Als sie ihm über den Arm streicheln wollte, wich er zurück.

»Entschuldigung«, sagte sie leise. »Unfassbar, was die Sachs getan hat.«

»Sie hat alle getäuscht, um ihre perverse Vorliebe zu vertuschen.«

»Hast du keine Chance gehabt, sie aufzuhalten?«, fragte Ida-Marie vorsichtig.

Andresen lächelte gequält und nahm langsam seine Hand von der Stirn. Ida-Marie sah ihn erschrocken an.

»Wie ist das denn passiert?«

Er nickte in Richtung der Bratpfanne, die auf dem Boden lag. »Sei froh, dass du noch nicht hier warst. Die Sachs ist wie eine Furie auf mich losgegangen.«

»Wo können die beiden jetzt sein?«

»Keine Ahnung. Ich weiß nicht einmal, wie lange ich hier gelegen habe.« Andresen warf einen Blick auf seine Armbanduhr. Es waren mindestens zehn Minuten vergangen, in denen er bewusstlos gewesen war. Er fluchte leise. Zehn Minuten reichten aus, um die Stadt zu verlassen. Nur wenn die beiden zu Fuß geflüchtet waren, konnten sie noch nicht allzu weit gekommen sein. Vosberg würde sicherlich alles daran setzen, seinen Plan zu vollenden und Gisela Sachs umzubringen.

»Hier können wir vorerst nichts mehr ausrichten«, sagte er. »Ruf bitte im Präsidium an. Die Spurensicherung soll anrücken. Und sag Sibius, dass wir eine Großfahndung herausgeben müssen. Am besten wartest du hier, bis die Kollegen da sind.« Er stand auf und verließ das Wohnzimmer.

»Wohin gehst du?«, rief Ida-Marie hinter ihm her. »Birger, warte! Wo willst du hin?«

Andresen hörte sie nicht mehr. Er hatte entschieden, sich allein auf die Suche nach Gisela Sachs und Jimmy Vosberg zu machen.

Eilig trat er nach draußen ins Freie. Der Regen hatte aufgehört. Die Wolken zogen schnell über den Himmel und ließen die Frühlingssonne ab und zu durchblitzen. Sein Blick wanderte erneut die Straße auf und ab. Vielleicht waren die beiden ja tatsächlich zu Fuß geflüchtet. Instinktiv wandte er sich in Richtung Obertrave und lief los. Als er um die Ecke bog, schaute er noch einmal über die Schulter. Er sah, dass Ida-Marie vor dem Haus von Gisela Sachs stand und hinter ihm hersah. Sie war in seinen Gedanken immer noch präsent, aber sein Fehltritt hatte ihm die Augen geöffnet. Er liebte Wiebke und keine andere.

Andresen näherte sich der Dankwartsbrücke, die die Altstadt mit der Wallhalbinsel verband. Er hoffte darauf, dass sich Gisela Sachs und Jimmy Vosberg vielleicht doch noch irgendwo in der Nähe aufhielten. Plötzlich zog sich der Himmel wieder zu. Dicke Regentropfen prasselten auf ihn herab. Der April zeigte sich von seiner schlechtesten Seite.

Er betrat die Fußgängerbrücke und blieb auf halber Strecke stehen. Der Regen ging zunehmend in leichten Hagel über. Die alten Salzspeicher und das Holstentor, die keine zweihundert Meter entfernt standen, waren kaum mehr zu erkennen.

Der Hagel wurde stärker. Andresen hielt die Hand vor Augen. Was genau suchte er eigentlich hier? Selbst wenn die beiden noch in der Nähe wären, war die Chance, sie zu finden, minimal. Er wandte sich um und sah in die andere Richtung. In der Ferne konnte er das Polizeipräsidium erahnen. Vielleicht sollte er einfach ins Büro zurückfahren und in Ruhe überlegen, wie sie vorgehen sollten, anstatt sich den Hagel um die Ohren pfeifen zu lassen.

Mit einem Mal hielt er inne. Obwohl der Wind den Hagel jetzt in Böen über die Trave peitschte, war er sich sicher, dass sich im Wasser etwas bewegte. Die Entfernung betrug bestimmt hundert Meter. Er kniff die Augen zusammen und versuchte, Einzelheiten zu erkennen. Es gab keinen Zweifel. Dort hinten schwamm jemand in der Trave.

In der Ferne sah Andresen, dass sich eines der Fahrgastschiffe näherte, mit denen die Touristen um die Altstadt schipperten. Er wunderte sich, dass sie um diese Jahreszeit bereits fuhren. Unschlüssig stand er auf der Brücke und versuchte, seinen Blick weiter zu schärfen. Saß da nicht jemand in dem kleinen Ruderboot, das vom Wind getrieben im Schilf hin und her schaukelte? Natürlich. Die Person schlug wie wild mit dem Ruder ins Wasser und manövrierte das Boot langsam in die Mitte des Flusses. Er blinzelte noch einmal, bis er sich sicher war. In dem Boot saß Gisela Sachs. Und jetzt erblickte er auch Jimmy Vosberg. Er war es, der im Wasser schwamm und mit kräftigen Armschlägen hinter dem kleinen Boot herkraulte.

Das Schiff kam immer näher. Was hatte Gisela Sachs vor? Es sah so aus, als steuerte sie seitlich darauf zu. Das Ruderboot war nur noch wenige Meter vom Rumpf des Schiffes entfernt. Plötzlich erkannte er, dass Gisela Sachs ein Seil in den Händen hielt und es in Richtung Schiff warf. Andresen blickte sich hilfesuchend um. Was sollte er tun?

Ihm kam eine Idee. Er trat einige Schritte zurück und duckte sich hinter das Brückengeländer. Der Hagel war wieder in Regen übergegangen. Durch die Streben des Geländers sah er, dass das Ruderboot bereits am Heck des Fahrgastschiffes hing und mitgezogen wurde. Aber wo zum Teufel war Jimmy Vosberg?

30

Sie zog sich mit letzter Kraft über die niedrige Reling des Schiffes. Das kleine Ruderboot trieb sofort ab.

Immerhin hatte sie aus dem Haus vor ihm flüchten können, auch wenn dieser kleine Scheißkerl sie sogar noch am Fuß gepackt hatte. Er war schlimmer als Ungeziefer. Sie wurde ihn einfach nicht los. Was musste sie auch ihre Waffe im Schlafzimmer vergessen. Sie hätte ihn am besten sofort erschießen sollen. Und diesen Polizisten gleich mit.

Jimmys Gesichtsausdruck hatte ihr Angst eingeflößt. Das süße Lächeln, der klare Blick und die sanfte Haut, all das gab es nicht mehr. Jimmy Vosberg hatte sich in einen kaltblütigen Mörder verwandelt. In seinen Augen hatte sie etwas Animalisches erkennen können.

Sie sah, dass Jimmy immer schneller an das Heck des Schiffes herangeschwommen kam. Warum fuhr dieses verdammte Schiff bloß so langsam? Nur noch ein paar Armlängen, dann hatte er es erreicht.

Plötzlich stutzte sie. Was hielt er da in seiner rechten Hand? Die Angst meldete sich erst langsam und dann umso heftiger zurück. Es war ihre Pistole. Offenbar war Jimmy noch einmal ins Schlafzimmer gegangen und hatte sie mitgenommen.

Im nächsten Augenblick griffen seine Hände seitlich an die Reling des Schiffes. Er zog sich hoch und blickte ihr direkt in die Augen. Aus ihrer Angst wurde Panik.

»Hau ab!«, schrie sie. »Du bist krank im Kopf! Verschwinde!« Sie wusste, dass ihre Worte sinnlos waren. Jimmy hörte sie nicht mehr. Er war längst besessen davon, sie für sein missratenes Leben zur Rechenschaft zu ziehen und umzubringen. Sie hatte nur noch eine einzige Chance. Falls sie das hier überleben wollte, musste sie schneller sein als er.

Sie sah ihm tief in die Augen und lächelte, während sich ihre Hand langsam um seine schloss.

31

Keine zehn Meter mehr, ehe der Bug unter der Brücke verschwinden würde. Und er hatte keine Ahnung, was auf dem Schiff vor sich ging.

Das Heck des Schiffes hatte er nicht mehr im Blick. Andresen fluchte in sich hinein. Er musste es riskieren und auf das Schiff springen. Hastig drehte er sich um. Zum Glück waren bei diesem Dreckswetter keine Passanten unterwegs. Von Weitem sah er Ida-Marie, die am Uferrand stand und wild gestikulierend mit einigen Kollegen sprach.

Nur noch wenige Augenblicke. Der Bug des Schiffes erschien unter ihm. Jetzt musste es schnell gehen. Andresen richtete sich auf und kletterte über das Brückengeländer. Er sah, dass keine Passagiere an Deck waren. Nur noch zwei, maximal drei Sekunden. Und dann der Sprung ...

Der Knall war so laut, dass er glaubte, jemand hätte einen Feuerwerkskörper direkt neben seinem Ohr gezündet. Dennoch kam ihm die Zeit in der Luft ewig vor. Vielleicht lag es an dem Rauschen in seinen Ohren, das während des Sprunges einsetzte. Es hatte ihm ein Gefühl der Schwerelosigkeit vermittelt.

Andresen landete hart auf dem stählernen Decksboden und knallte mit dem Hinterkopf gegen eine Kante des Schiffaufbaus. Er versuchte sich aufzurappeln, stolperte jedoch und verlor das Gleichgewicht. Erst jetzt sah er, dass Gisela Sachs über der Reling hing und sich vor Schmerzen krümmte. Er hatte sie bei seinem Sprung mit den Füßen am Rücken gestreift. Aber wo war Vosberg?

Langsam kam Andresen auf die Beine und näherte sich der Reling. Er beugte sich von hinten über Gisela Sachs, blickte über den Schiffsrumpf hinweg in die Trave und erkannte, was geschehen war. Der ohrenbetäubende Knall. Das Blut am Heck des Schiffes und im Wasser. Sie hatte Jimmy Vosberg erschossen.

Andresen lief bei dem Anblick von Vosberg ein Schauer über den Rücken. Er trieb wenige Meter entfernt leblos im Wasser. Gisela Sachs hatte ihn nicht einfach nur erschossen. Sie hatte ihn förmlich hingerichtet. Mitten ins Gesicht gefeuert.

Im Augenwinkel sah er den Pistolenlauf auf sich zukommen. Aber zu spät. Er landete direkt an seiner Schläfe. Andresen strauchelte zurück. Sie hatte seine Unaufmerksamkeit genutzt, mit dem rechten Arm ausgeholt und ihm einen empfindlichen Schlag versetzt. Schwerfällig stand er auf und drehte sich zu ihr um. Sie trug lediglich einen durchnässten Bademantel und zitterte vor Unterkühlung. Dennoch grinste sie und richtete die Pistole in seine Richtung.

»Und nun, Herr Kommissar? Glauben Sie, Ihnen wird es anders ergehen als meinem Jimmy?«

Andresen schwieg einen Moment. Dann sagte er: »Werfen Sie doch mal einen Blick ans Ufer. Meinen Sie, dass Sie aus dieser Nummer noch rauskommen?«

Sie sah ihm in die Augen. Ihr Lachen verschwand und machte Platz für Kaltblütigkeit und Wahnsinn. Seine Worte hatten die erhoffte Wirkung offenbar verfehlt. Er wagte einen weiteren Versuch.

»Haben Sie ihn aus Notwehr erschossen?«, fragte er. »Das würde natürlich alles ändern.«

Erneut verzogen sich ihre Mundwinkel zu einem leichten Lächeln. Doch der Wahnsinn in ihren Augen blieb. Nichts schien sie mehr aufhalten zu können. Seine Worte erreichten sie nicht.

Die Veränderung, die Andresen plötzlich spürte, war nur minimal. Aber sie war da. Das Schiff hatte seine Linie verlassen und näherte sich langsam der Kaikante auf der der Altstadt zugewandten Seite. Über ihren Kopf hinweg konnte er erkennen, dass mittlerweile auch Kregel, Sibius und die anderen Kollegen am Ufer standen. Er schätzte, dass es nur noch zehn Meter bis zum Anleger waren. Warum drückte sie nicht ab? Worauf wartete sie noch?

»Ich habe nichts mehr zu verlieren«, rief Gisela Sachs und zielte jetzt genau auf Andresens Kopf. »Leben Sie wohl, Herr Kommissar!«

Im nächsten Moment jagten von Landseite mehrere Schüsse durch die Luft. Mindestens einer traf sie im Oberkörper. Ihre Beine gaben nach, und sie sackte zusammen. Die Pistole fiel ihr wie in Zeitlupe aus der Hand.

Andresen stürzte sich auf sie und legte einen festen Griff an. Seine Handflächen, die nach dem Sturz über die Absperrkette im Fischereihafen noch immer aufgeschürft waren, schmerzten. Vorsichtig drehte er Gisela Sachs um und fixierte sie. Überall war plötzlich Blut. Eine Kugel hatte ihren Hals gestreift. Während sie langsam ihren Kopf zu ihm wandte, schenkte sie ihm ein letztes wahnsinniges Lächeln. Dann schloss sie die Augen.

Andresen griff nach ihrer Waffe und richtete sich auf. Mit einem Mal gab es einen Stoß, und er verlor das Gleichgewicht. Kopfüber fiel er ins kalte Nass der Trave. Der starke Wind hatte das Schiff auf den letzten Metern an die Kaikante gedrückt und unsanft anschlagen lassen.

Unter größter Kraftanstrengung versuchte er Halt an der Kaimauer zu finden. Kregel und ein Kollege der Schutzpolizei zogen ihn schließlich aus dem Wasser. Wie ein nasser Sack ließ er sich auf den harten Steinboden fallen.

Um ihn herum begann das, was immer einsetzte, wenn eine Ermittlung auf diese Weise ihr Ende fand. Wie Ameisen wuselten die Polizeikollegen um ihn herum. Kriminalpolizisten, Schutzpolizisten, die Techniker von der Spurensicherung, die Wasserschutzpolizei und einige Taucher waren mittlerweile eingetroffen. Mehrere Rettungswagen waren vorgefahren und hielten direkt neben dem Schiff. Gisela Sachs wurde auf eine Trage gelegt, an Schläuche angeschlossen und erstversorgt. Es schien, als hätte sie das Ganze überlebt. Wenige Minuten später raste der Rettungswagen mit Blaulicht und Martinshorn davon. Andresen beobachtete die Szenerie, während er sich langsam hochrappelte.

Es war tatsächlich vorbei. Aber zu welchem Preis? Jimmy Vosberg war tot und Gisela Sachs schwer verletzt. Hätte es nicht andersherum sein müssen?

Andresen schüttelte den Kopf und entfernte sich unauffällig vom Geschehen. Eilig ging er die Dankwartsgrube in Richtung Pferdemarkt hinauf. Er wollte endlich das tun, was er schon seit Tagen vor sich herschob. Mit Wiebke telefonieren. Und schlafen.

32

Am späten Samstagnachmittag wartete Andresen am Bahnsteig auf den Regionalexpress aus Kiel. Seine Knochen schmerzten noch immer, und sein Kopf brummte wie nach einer durchzechten Nacht. Die Ermittlungen und die Festnahme von Gisela Sachs hatten ihm alles abverlangt.

In wenigen Minuten würde Wiebke mit den Kindern und Hund Timmi aus dem Zug aussteigen, und alles, was in den vergangenen Tagen passiert war, wäre von einem Moment auf den anderen vergessen.

Er hatte sich für den Weg des geringeren Widerstands entschieden. Im Klartext: Er war zu feige, Wiebke seinen Ausrutscher mit Ida-Marie zu beichten. Obwohl er sich sicher war, dass ihn das schlechte Gewissen plagen würde, empfand er Schweigen als die bessere Wahl, wenn ihre Beziehung Bestand haben sollte. Wiebke war eine Frau mit Prinzipien, und bei all ihrer Offenheit gab es Grenzen. Und diese hatte er längst überschritten.

Als er Wiebke endlich wieder im Arm halten konnte, wurde ihm noch einmal bewusst, was er mit seinem Verhalten aufs Spiel gesetzt hatte. Er drückte sie, so fest er konnte, an sich und ließ sie erst wieder los, als Marlene ungeduldig an seinem Hosenbein zog.

Den Sonntagvormittag verbrachten sie in Brodten, um die letzten Vorbereitungen vor dem Umzug zu treffen. Das Haus war einzugsbereit und wartete nur darauf, mit Leben gefüllt zu werden. Während Andresen durch die leeren Zimmer ging und mit bloßem Auge Maß nahm, hatte er zum ersten Mal das Gefühl, dass er sich eines Tages hier in diesem umgebauten Bauernhaus wohlfühlen könnte. Zwar sehnte er sich schon jetzt nach dem Trubel in der Stadt, aber der Gedanke an kalte Wintertage vor dem Kamin und einsame Spaziergänge entlang der Steilküste gefiel ihm.

Als er allein im ersten Stock stand und durch das kleine Fenster auf die Ostsee blickte, spürte er, dass es die richtige Entscheidung gewesen war, das Haus in der Großen Gröpelgrube zu verkaufen.

Auch Ole war mitgekommen. Er wollte sich ein Bild davon machen, wie das neue Leben seines Vaters auf dem Land begann. Ein Leben, nach dem sich Andresen zwar immer gesehnt hatte, das aber so gar nicht zu ihm zu passen schien.

Während er durch das Fenster einer auslaufenden Fähre hinterhersah, überkam ihn ein Gefühl der absoluten Ruhe. Hier sollte er also wohnen. Womöglich bis an sein Lebensende. Noch immer fiel es ihm schwer, sich vorzustellen, für jede Besorgung das Auto zu benutzen und auf die abendlichen Abstecher in Lübecks Kneipen zu verzichten. Doch die Nähe zum Meer und die Einsamkeit fühlten sich von Minute zu Minute besser an.

Plötzlich knarzte die Treppe. Andresen wandte sich um, und im nächsten Augenblick stand Ole vor ihm.

»Na, wie gefällt es dir?«, fragte Andresen leise.

Ole lächelte seinen Vater an und schüttelte den Kopf.

»Etwa nicht?«

»Ist deine Frage wirklich ernst gemeint?«, vergewisserte sich Ole.

»Ja, natürlich.«

»Das Haus ist ein Traum.«

Andresen sah seinen Sohn überrascht an. Er hatte eine andere Reaktion erwartet.

»Das heißt, du hast kein Problem damit, dass ich unser Haus verkauft habe?«

»Nein«, antwortete Ole. »Meine Erinnerungen sind sowieso nicht die besten.«

»Ja, das verstehe ich.«

»Was würdest du eigentlich dazu sagen, wenn ich wieder bei dir einziehe?«, fragte Ole mit einem Mal.

Andresen traute seinen Ohren nicht. Was hatte sein Sohn da gerade gesagt?

»Ist die zweite Etage eigentlich auch ausgebaut?«

»Ja, natürlich«, stammelte Andresen. »Meinst du das wirklich ernst? Und was ist mit Chrissy?«

Ole senkte seinen Blick und zuckte mit den Schultern.

»Stimmt etwas nicht?«

»Wir haben uns ziemlich heftig gestritten. Aber das wird schon wieder. Sie ist nicht der Grund, warum ich frage.«

»Sondern?«

»Es bringt ja alles nichts«, seufzte Ole. »Ich muss es dir sagen.«

»Was?«

»Ich bin pleite und habe Schulden. Nicht mal die Miete für diesen Monat kann ich noch zahlen.«

»Aber ...« Andresen fehlten die Worte. »Deine Mutter und ich überweisen dir doch genug Geld. Dazu dein Ausbildungslohn. Wieso hast du denn vorher nichts gesagt?«

»Weil ich mich nicht getraut habe«, antwortete Ole leise.

»Aber wo bleibt denn das ganze Geld?«, fragte Andresen fassungslos.

»Ich bin spielsüchtig. Alles Geld, was ich hatte, und noch viel mehr, hab ich mit Onlinewetten verzockt.«

Andresen starrte seinen Sohn an. Er sah die Tränen in seinen Augen und spürte, dass ihm selbst nach Weinen zumute war. Der Drang, Ole die Leviten zu lesen, war stark, aber er entschied sich für einen anderen Weg. Er strich ihm über die Wange und nahm ihn schließlich in den Arm. Minutenlang blieben sie so stehen, dann löste sich Andresen, trat einen Schritt zurück und blickte Ole in die Augen.

»Ich möchte, dass du weißt, dass ich immer für dich da bin. Egal, was passiert.« Er hielt inne, zog ein Taschentuch aus seiner Hosentasche und reichte es Ole. »Wenn du wirklich hier einziehen möchtest, steht die Tür für dich immer auf. Es würde mich sehr glücklich machen.«

Ole nickte und wischte sich die Tränen aus den Augenwinkeln. Dann zwang er sich ein Lächeln ab, ehe er sein Gesicht erneut in Andresens Schulter vergrub.

33

Andresen lachte noch, als er den Flur im dritten Stockwerk des Polizeipräsidiums betrat. Gerade mal zwei Wochen war es jetzt her, dass er Martina im Fahrstuhl getroffen hatte. Damals hatte alles angefangen, erinnerte er sich. Und heute schloss sich der Kreis. Sie hatte ebenfalls lachen müssen, als sie im Erdgeschoss eingestiegen war. Auf eine seltsame Art und Weise verband sie beide dieser Fall, dachte Andresen, als er die Tür zu seinem Büro aufschloss. Sein Blick fiel auf die Wanduhr. Viel Zeit blieb ihm nicht. Um zehn Uhr hatte er einen Termin im Uniklinikum. Er sollte Gisela Sachs vernehmen, die seit gestern wieder ansprechbar war.

Er schaltete den Computer ein, hängte seine Jacke auf und ging zum Kaffeeautomaten auf dem Flur. Auf dem Weg traf er Ida-Marie.

»Na«, sagte sie leise. »Alles klar bei dir?«

Er spürte, dass sie befangen war. Glaubte sie etwa, er hätte das Ganze nicht verkraftet?

»Danke der Nachfrage. Mir geht es gut.«

Er drückte auf eine Taste und wartete, bis sein Cappuccino durchgelaufen war. Ida-Marie stand neben dem Automaten und sah ihn an. Andresen merkte, dass sie etwas sagen wollte.

»Sag schon, was los ist«, drängte er. »Wenn du wissen willst, ob ich dir hinterhertrauere, muss ich dich enttäuschen. Ich liebe Wiebke. Vielleicht hat der kleine Ausrutscher mit dir am Ende auch etwas Positives. Ich weiß jetzt endlich, wohin ich gehöre.«

»Das freut mich für dich, aber es geht um etwas anderes«, sagte Ida-Marie. »Du weißt, dass Sibius uns in Kürze verlassen wird. Und du weißt auch, dass schon bald ein neuer Kommissariatsleiter bestimmt werden muss.«

Andresen ahnte, worauf sie hinauswollte, und musste an Julias Worte denken. Sie hatte ihm gesteckt, dass es jemand auf Sibius' Posten abgesehen und ihn deswegen beim Chef angeschwärzt hatte. Es war also offenbar Ida-Marie gewesen.

»Gratulation«, sagte er nach einer Weile. »Ganz großes Kino.«

»Was meinst du?«

»Dass du Sibius erzählt hast, ich hätte ein Auge auf dich geworfen. Glaubst du, ich sehe nicht, dass du es längst auf Sibius' Stelle abgesehen hast? Dabei scheint dir ja jedes Mittel recht zu sein.«

»Das stimmt so nicht«, antwortete sie entschieden. »Ich habe nichts Schlechtes über dich erzählt. Außerdem ist längst nicht klar, ob ich mich auf Sibius' Posten bewerbe. Ich wollte gerade mit dir darüber reden.«

»Ach nein? Du hältst mich wohl für total bescheuert, oder? Alles, was zwischen uns passiert ist, diente nur einem einzigen Zweck. Mich dumm dastehen zu lassen, damit der Weg für dich frei ist. Ich habe verstanden, wie du tickst.«

»Das ist doch Blödsinn, was du da erzählst. Du verkraftest einfach nicht, dass ich nichts von dir will. Deshalb wirfst du mir jetzt diesen Quatsch vor. Ob ich mich auf Sibius' Posten bewerbe oder nicht, hat jedenfalls nichts mit dir zu tun.« Ida-Marie wandte sich auf dem Absatz um und ging. Als sie schon fast in ihrem Büro war, blieb sie noch einmal stehen und drehte sich zu ihm um.

»Vielleicht hätte es vor zehn Jahren etwas mit uns werden können, als ich noch auf der Suche nach einem festen Partner war. Mittlerweile genieße ich meine Single-Freiheit.«

Andresen sah ihr verständnislos hinterher, nahm seinen Cappuccino und ging zurück in sein Büro. Er setzte sich an den Schreibtisch und griff nach einem Stapel Papier, der in seiner Ablage lag. Er war erstaunt darüber, wie wenig Emotionen Ida-Maries falsches Spiel in ihm hervorrief. Sollte sie sich ruhig bewerben, er war sich sicher, dass man sich für ihn als Kommissariatsleiter entscheiden würde.

Er blätterte die Unterlagen durch.

Seine Aufmerksamkeit blieb an den Aufzeichnungen der letzten Tage hängen. Müde schüttelte er den Kopf. Wie viel Zeit sie damit verbracht hatten, die einzelnen Fakten zusammenzufügen. Hartnäckig hatten sie versucht, Verbindungen zwischen den Opfern und Verdächtigen herzustellen. Er blickte auf seine verzweifelten Versuche und stellte fest, dass er im Grunde gar nicht einmal so falschgelegen hatte. Und trotzdem hatte die entscheidende Spur gefehlt.

Sein Telefon klingelte. Er sah, dass es Sylvia aus dem Sekretariat war.

»Was gibt es?«, meldete er sich.

»Hier ist eine Frau, die dich sprechen möchte. Ihr Name ist Hanka Weichert.«

»Schick sie bitte rein.« Andresen hatte sie zwar eigentlich erst für den Nachmittag vorgeladen, aber wenn sie schon mal hier war, würde er sie sofort vernehmen. Den Termin im Krankenhaus würde er allerdings kaum einhalten können. Doch das war ihm in diesem Moment egal. Schließlich war Hanka Weicherts Rolle in diesem Fall noch immer unklar.

»Guten Morgen«, begrüßte er sie, als sie sein Büro betrat. »Waren wir nicht erst für heute Nachmittag verabredet?«

»Ja, entschuldigen Sie, aber am Nachmittag ist mir kurzfristig etwas dazwischengekommen.«

»Schon gut. Nehmen Sie bitte Platz.«

Doch Hanka Weichert zog es vor, das Gespräch im Stehen zu führen. Sie lehnte sich gegen einen der großen Metallschränke und kam direkt zur Sache. »Die Vorfälle der letzten Zeit haben mir einfach keine Ruhe gelassen. Immer wieder habe ich mich gefragt, was das alles mit mir zu tun gehabt hat. Warum Jimmy Vosberg ausgerechnet mich umbringen wollte.«

Andresen nickte und fixierte sie. »Haben Sie eine Antwort darauf gefunden?«

»Nein«, erwiderte sie vehement. »Mir ist vollkommen unerklärlich, was ich mit dieser ganzen Sache zu tun habe. Und dann jagt er auch noch Dieters Boot in die Luft.«

»Tatsächlich?«, fragte Andresen herausfordernd. »Mir ist etwas ganz anderes zu Ohren gekommen. Kann es nicht sein, dass Lohberg und Sie die ganze Zeit ahnten, was hinter den Mordfällen steckt?«

»Wie kommen Sie darauf?«, fragte Hanka Weichert erstaunt.

»Erinnern Sie sich nicht? Ihr Treffen auf dem Boot. Lohberg und Sie haben das Ganze Ihrem Freund Piet gebeichtet.«

»Sie waren das also ...«, sagte Hanka Weichert konsterniert. Offenbar hatte sie geglaubt, dass Vosberg sie beobachtet hatte.

»Also, ich höre«, sagte Andresen.

Sie wandte sich ab und schwieg.

»Ich rate Ihnen, jetzt zu –«

»Schon gut«, unterbrach sie ihn. »Ich erzähle Ihnen, was ich damals beobachtet habe. Aber Sie müssen mir glauben, dass ich niemals beabsichtigt habe, Gisela Sachs zu schützen.«

»Das haben Sie mit Ihrem jahrelangen Schweigen aber getan«, sagte Andresen hart.

»Ich war mir doch gar nicht sicher«, rief Hanka Weichert. »Hätte ich es mit eigenen Augen gesehen, wäre ich sofort zur Polizei gegangen.«

»Erzählen Sie jetzt bitte, was damals vorgefallen ist.«

Noch einmal atmete sie deutlich hörbar aus, dann begann sie zu erzählen. »Die Klasse, in die Jimmy Vosberg ging, hatte an diesem Morgen Sportunterricht. Ich kam am Klassenraum vorbei und wunderte mich über die Stimmen, die herausdrangen. Die Tür stand einen Spalt auf, also warf ich einen Blick hinein. Ich sah, wie Gisela Sachs auf Jimmy einredete. Sie waren allein in dem Raum. Sie schien über irgendetwas erbost zu sein und schimpfte mit ihm. Als sie bemerkte, dass ich an der Tür stand, war es, als würde sie einen Schalter umlegen. Mit einem Mal war sie ganz freundlich zu Jimmy und streichelte ihm über die Wange.«

»Und das hat Sie glauben lassen, dass Gisela Sachs Jimmy Vosberg missbraucht hat?«

»Nein, das allein sicherlich nicht. Wobei mich die Situation schon stutzig gemacht hat. Erst als ich von Katharina Kocks Vermutungen gehört habe, zählte ich eins und eins zusammen. Ich habe damals nur mit Dieter Lohberg über die Sache gesprochen. Er war ein enger Vertrauter von mir.«

»Sie haben es also gewusst und geschwiegen.«

»Nein, ich habe es nicht gewusst«, entgegnete sie entschieden. »Es war pure Spekulation. Ich habe Gisela und Jimmy nie wieder in einer verfänglichen Situation angetroffen.«

»Anhand von Vosbergs Aufzeichnungen gehen wir mittlerweile davon aus, dass er mehrere Dutzend Male von Gisela Sachs missbraucht wurde. Sie wissen nichts darüber?«

»Nein, das müssen Sie mir glauben.«

»Es fällt mir schwer«, sagte Andresen. »Warum haben Sie uns

nicht gesagt, dass es Jimmy Vosberg war, der sie überfallen hat? Oder wollen Sie mir etwa sagen, Sie hätten ihn nicht erkannt?«

Sie wich seinem Blick aus und zuckte kaum sichtbar mit den Schultern. Ihre zuvor noch trotzige Haltung war verschwunden. »Ich wusste bereits vorher, dass Vosberg Rache nimmt«, sagte sie schließlich.

»Als sie von den beiden anderen Todesfällen in der Zeitung gelesen haben?«

»Spätestens als ich Katharina Kocks Leiche im Kanal gefunden habe«, antwortete Hanka Weichert.

»Wie bitte?«

»Ich habe sie nicht einmal erkannt, aber ich wusste genau, was geschehen war.«

»Und weshalb haben Sie uns nicht …?«

»Sie war tot. Ob ich die Polizei verständige oder der nächste Jogger, war doch egal.«

Andresen schüttelte den Kopf. Er verstand Hanka Weichert nicht.

»Zurück zu dem Mordversuch an Ihnen. Weshalb wollten Sie den Verdacht auf Oliver Rehm lenken, mit dem Sie früher einmal zusammen gewesen sind?«

Sie zuckte zusammen und sah Andresen entgeistert an. »Das war nie meine Absicht. Ich habe lediglich irgendetwas ausgesagt, damit Sie Vosberg nicht verdächtigen.«

»Weshalb wollten Sie Jimmy nicht verraten? Hatten Sie Angst, dass alles rauskommt und Sie zur Rechenschaft gezogen werden?«

»Was meinen Sie damit?«, fragte sie verwundert. »Ich habe doch nichts verbrochen. Wie gesagt, es gab keinerlei konkrete Beweise für das, was Gisela Sachs getan hat. Weshalb sollte ich zur Rechenschaft gezogen werden?«

»Moralisch war Ihr Verhalten damals wie heute mehr als zweifelhaft. Wenn Sie einen Verdacht gehabt haben, hätten Sie ihn äußern müssen. Und immerhin ist auch Jimmy Vosberg davon ausgegangen, dass Sie über die Sache Bescheid wussten.«

»Sie können leicht reden«, antwortete Hanka Weichert. »Ich wusste nicht, wovor ich mehr Angst haben sollte. Davor, dass Vosberg noch einmal versucht, mich umzubringen, oder vor den Konsequenzen, falls herauskäme, dass ich damals geschwiegen habe.«

»Sie sprechen von Ihrem Job als Lehrerin?«
»Ja.«
Andresen nickte. Es schien ihm unwahrscheinlich, dass sie jemals wieder an einer Schule unterrichten würde.
»Wissen Sie, was ich immer noch nicht verstehe, Frau Weichert? Warum sind Sie überhaupt aufs Präsidium gekommen? Sie hätten den Überfall doch einfach verschweigen können?«
»Wahrscheinlich stand ich noch unter Schock«, antwortete sie. Sie wirkte glaubwürdig in diesem Moment. »Ich war nach dem Überfall völlig neben der Spur. Einerseits wollte ich nicht, dass alles auffliegt, andererseits fühlte ich mich verpflichtet, die Polizei zu informieren. Glauben Sie mir, ich hatte Todesangst, als dieser Irre versucht hat, mich umzubringen.«
»So schwer kann der Schock ja nicht gewesen sein, wenn Sie uns vorsätzlich nur die halbe Wahrheit erzählen«, stellte Andresen nüchtern fest.
Er hatte genug gehört und verabschiedete sich von Hanka Weichert, nicht ohne sie darauf hinzuweisen, dass ihre Falschaussage weitere polizeiliche Ermittlungen nach sich ziehen würde.
Als sie gegangen war, trat Andresen vor das Fenster seines Büros und sah auf den Verkehr rund um den Berliner Platz, der unaufhörlich weiterfloss.
Das Telefon klingelte. Andresen meldete sich. Er nahm Platz, umklammerte angespannt die Stuhllehne und hörte der ernsten Stimme des Anrufers zu. Der Mann hatte sich als Oberarzt des Uniklinikums vorgestellt.
Es fiel ihm schwer, dessen Nachricht gefühlsmäßig einzuordnen. Mitleid wollte sich nicht einstellen. Aber auch Freude wollte nicht in ihm aufsteigen, als er realisierte, dass er nicht mehr ins Klinikum fahren musste, um Gisela Sachs zu vernehmen. Sie war Jimmy Vosberg vor einer knappen halben Stunde gefolgt.

Jobst Schlennstedt
TÖDLICHE STIMMEN
Broschur, 208 Seiten
ISBN 978-3-89705-561-2

»*Eine psychologisch ausgefeilte Geschichte.*« Radio ZuSa

»›*Tödliche Stimmen‹ ist ein Krimi, der diese Bezeichnung verdient.*« Lübecker Nachrichten

www.emons-verlag.de

Jobst Schlennstedt
**DER TEUFEL VON
ST. MARIEN**
Broschur, 208 Seiten
ISBN 978-3-89705-624-4

»Viel Spannung, aber auch Anregung, sich mit einigen der hier angesprochenen Konflikte vielleicht einmal näher zu befassen.«   NDR 1, Niedersachsen

»Macht unbedingt Lust auf mehr.«   Lesen

www.emons-verlag.de

Alexandra Schlennstedt,
Jobst Schlennstedt
**111 ORTE AN DER OSTSEEKÜSTE,
DIE MAN GESEHEN HABEN MUSS**
zahlreiche Abbildungen
Broschur, 240 Seiten
ISBN 978-3-89705-824-8

www.emons-verlag.de

Jobst Schlennstedt
MÖWENJAGD
Broschur, 224 Seiten
ISBN 978-3-89705-825-5

»Jobst Schlennstedt entwickelt komplexe Handlungsstränge und wartet am Ende nicht mit Patentlösungen auf. Es bleibt kompliziert, und das macht seine Romane so lesenswert.« Radio ZuSa

»Eine spannende Geschichte mit glaubwürdigen Charakteren.« Ultimo Stadtzeitung Lübeck

www.emons-verlag.de

Jobst Schlennstedt
KÜSTENBLUES
Broschur, 208 Seiten
ISBN 978-3-95451-110-5

www.emons-verlag.de